関東 I 地図で読む百年

東京・神奈川・千葉

寺阪昭信・平岡昭利・元木 靖編

古今書院

はじめに

　我々の住んでいる地域は，どのように変貌してきたのであろうか，という疑問に突き当たったとき，地図はその力を遺憾なく発揮してくれる。地図は作成された時代の情報を満載し，地域の姿を伝えることから，古い地図は現在の風景の謎を解く鍵でもある。とくに古い地図と現在の地図を比較することによって，地域の変貌の姿を視覚的にとらえることができ，我々は地図のおもしろさを知ることができるのである。

　さて，本書は「地図で読む百年」シリーズの「関東」版であり，首都東京と，その強い影響をさまざまな形で受けてきた地域について，ミクロスケールの新旧の地形図を対比し，近代化とは何であったのかを振り返りつつ，それぞれの地域変貌の論理を解き明かそうと試みたものである。

　執筆は，関東のそれぞれの地域に深くかかわってきた方々に，おもに明治以降の地域の歴史的展開過程と人々の生活という視座から，地域変貌というテーマでお願いした。

　本書が関東地域の変貌を理解するための基本的な書物として広く活用されることを念じ，また読者が地形図を「読む」ことに，いくらかでも興味を覚えられたならば，編者にとって望外の喜びである。

　刊行にあたっては，図版の非常に多い出版を快く引き受けていただいた古今書院の橋本寿資社長と編集部の長田信男氏には，いつもながらお手数をおかけした。心より御礼を申し上げたい。

2003年2月15日

寺阪昭信
平岡昭利
元木　靖

目　　次

はじめに ──────────────────── ………………… i
掲載地域の位置図
地形図図式記号

江戸から東京へ──世界都市の夢と現実 ───── 東京 ………………… 1
（東京国際空港　　　　　　　　　　　　　　　　　　　14）
大学に囲まれた中核都市 ──────────── 八王子市 ………… 15
多摩地区の拠点都市 ───────────── 立川市・国立市 ………… 21
丘陵地に出現した住宅都市 ────────── 多摩ニュータウン ……… 25
忘れられたTokyoの島々 ─────────── 鳥島・南鳥島 ………… 31
埋立地の歴史と港北ニュータウン ─────── 横浜市 ……………… 37
工業地帯の形成と変貌 ──────────── 川崎市 ……………… 45
関東を代表する歴史都市 ─────────── 鎌倉市 ……………… 53
消えた海岸線 ──────────────── 横須賀市 …………… 59
東海道の要から箱根観光のゲートウエーへ ── 小田原市 …………… 65
水陸交通の要衝地から県央の中核都市へ ─── 厚木市 ……………… 71
台地のアイデンティティ ─────────── 相模原市 …………… 77
首都圏第3の政令指定都市 ────────── 千葉市 ……………… 83
漁師町からアーバンリゾート地域へ ────── 浦安市・市川市行徳 …… 91
物資の集散地から住宅衛星都市へ ─────── 松戸市 ……………… 97
国際空港の夢と現実 ───────────── 成田市 ……………… 103
「水郷」と「小江戸」 ─────────────── 佐原市 ……………… 109
東京湾アクアラインにかける希望 ─────── 木更津市 …………… 113
南房総の中心都市 ────────────── 館山市 ……………… 119
利根川水運で発展した町 ─────────── 銚子市 ……………… 123

〔第Ⅱ巻の目次〕

21世紀型都市の創造をめざして	さいたま市 （浦和・与野・大宮）	1
戦災を契機に近代都市へと脱皮した宿場町	熊谷市	13
江戸のなごりを再生する	川越市	19
「こいのぼり」のまちの地域変容	加須市	25
産業文化都市をめざすキューポラの街	川口市	29
セメントとともに生きる町から身近な観光地へ	秩父市	35
商業と文化の都市をめざして	水戸市	41
人工頭脳都市	つくば市	49
神宮と近代工業とサッカー	鹿嶋市・神栖町	57
「国府」の時代から連続するまち	石岡市と周辺	63
原子力の安全利用をめざす	東海村	69
銅鉱山から工業都市に	日立市	75
紬の里の新しい町づくり	結城市	81
成長の著しい北関東の中心都市	宇都宮市	85
中世以来の文教・商工業都市	足利市	91
首都機能移転の候補地にあがる火山麓の開発	那須高原	97
公害問題の原点	栃木県足尾町	103
赤城山に抱かれ利根川の育くむ詩（うた）のまち	前橋市	107
北関東の交流拠点都市	高崎市	113
ハイテクとファッションのまち	桐生市	119
軍需産業都市から国際都市へ	太田市・大泉町	125
湯治場から高原リゾートへ	草津温泉	131
流域の治水と開発	利根川	135

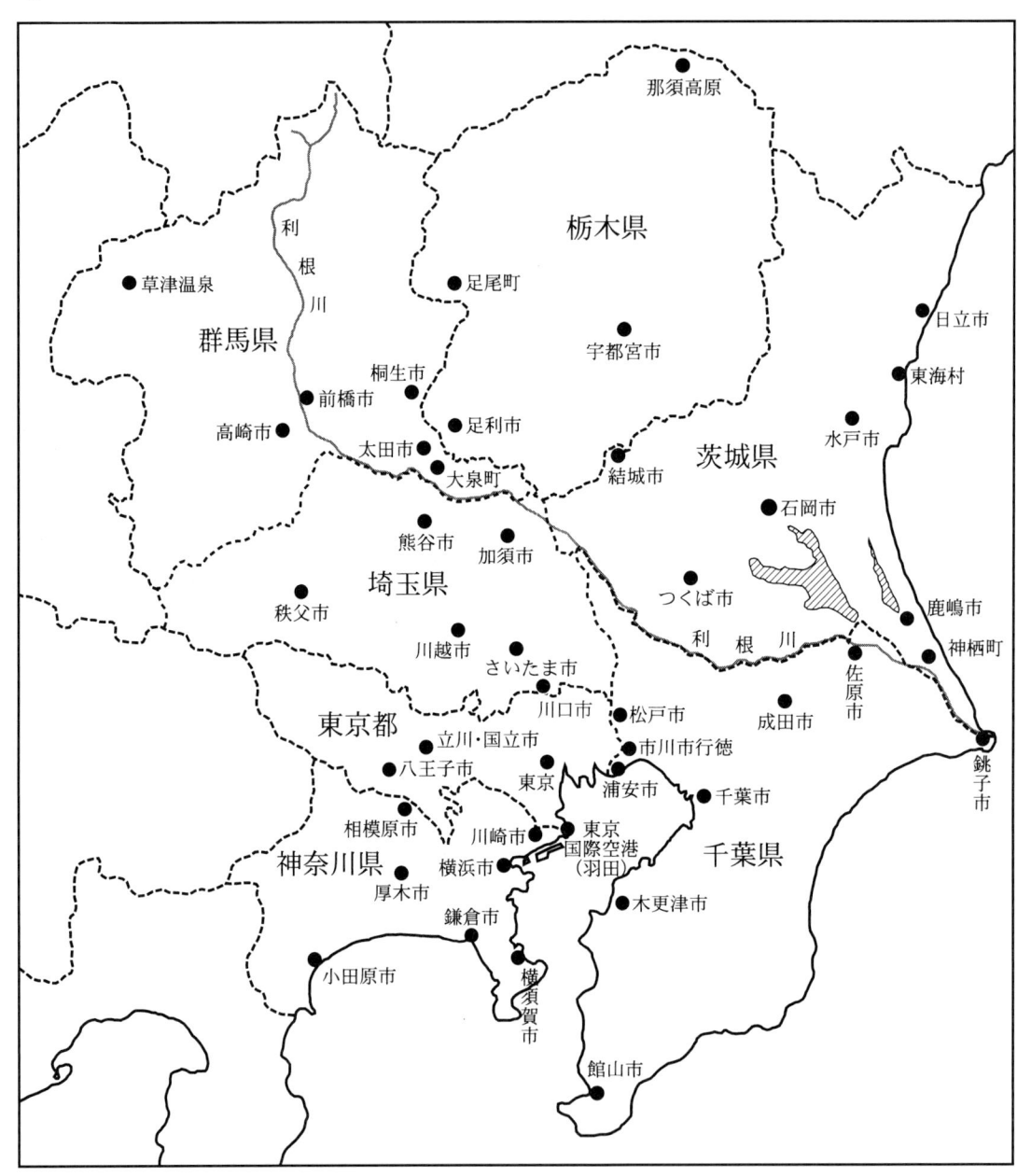

掲載地域の位置図

※この他に鳥島・南鳥島がⅠ巻で採り上げられている．
Ⅰ巻：東京都・神奈川県・千葉県
Ⅱ巻：埼玉県・茨城県・栃木県・群馬県

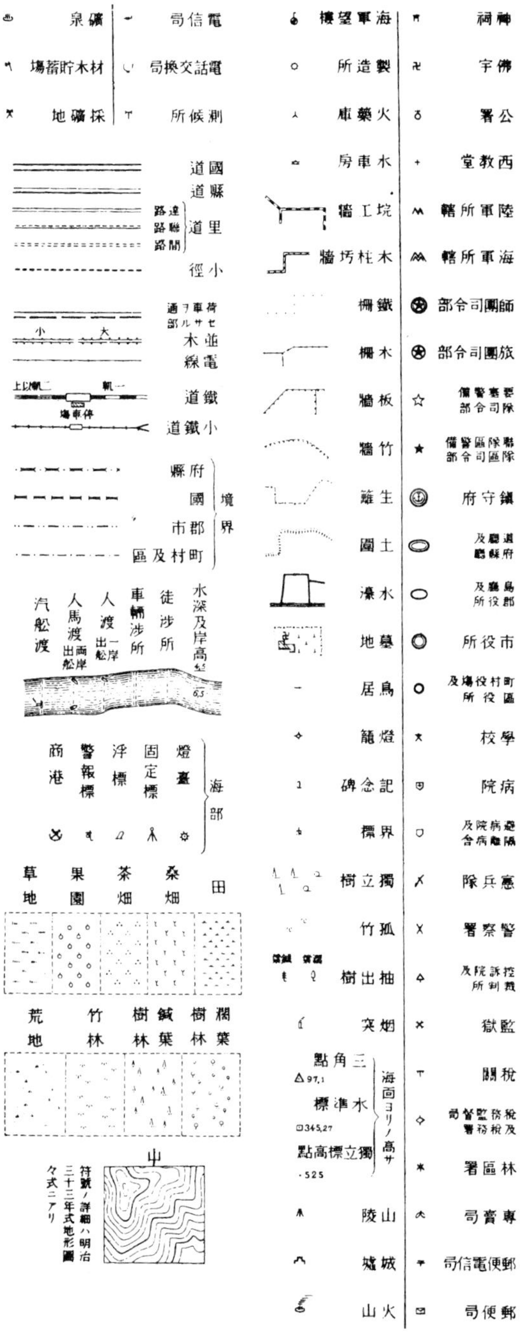

明治33年式図式 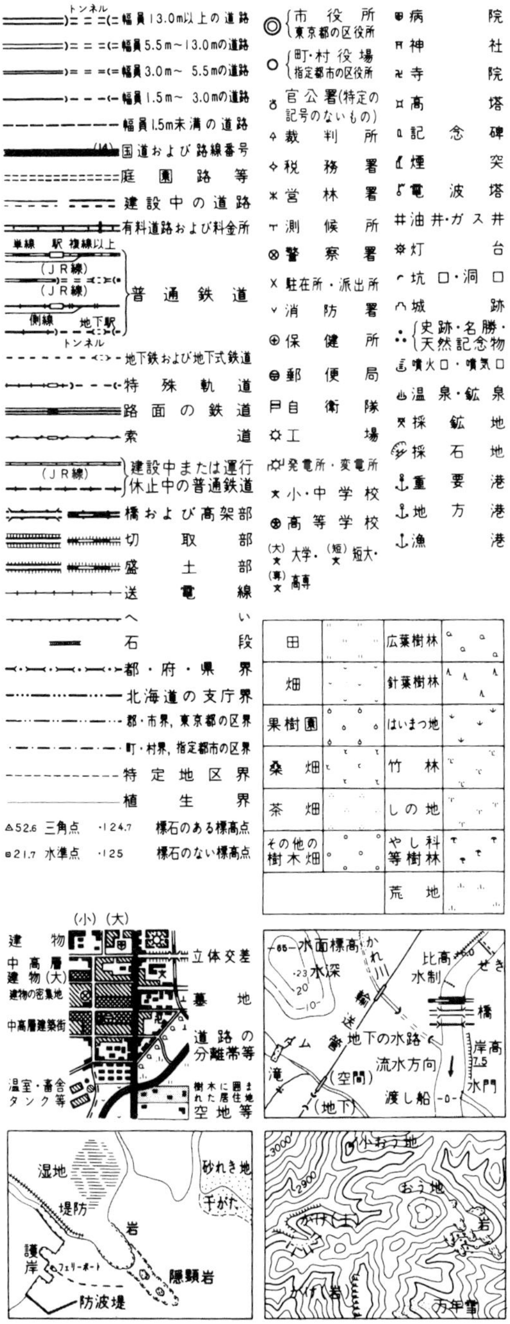　　　　　　　　　平成元年式5万分の1図式

地形図図式記号（国土交通省国土地理院より）

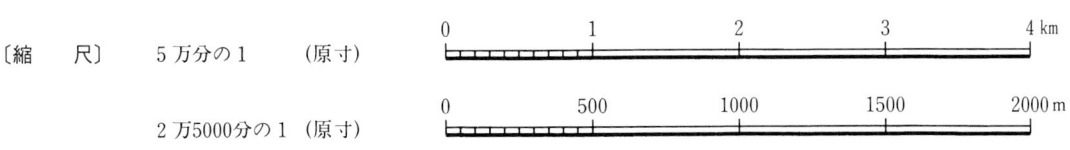

〔縮　尺〕　5万分の1　（原寸）

2万5000分の1　（原寸）

江戸から東京へ
——世界都市の夢と現実

東京

写真1　新橋・汐留再開地区

1. 江戸時代の遺産と首都東京

　武蔵野台地の東端部と，利根川・荒川デルタ地帯である東京低地との接点に展開した江戸は，大きな破壊を伴わずに明治維新を迎えた。後の関東大震災や東京大空襲が大規模な都市計画変更の契機となったとはいえ，東京は現在もなお江戸時代の遺産を色濃く残す都市といえる。

　この100年間の東京の変貌を要約すると，平面的には臨海部の埋め立てが進み，東京湾が狭くなり，東京港を中心にさまざまな機能がこの地域に加わったことと，狭い東京市から東京大都市圏の核として（1956年首都圏整備計画）発展し，市街地の拡大と隣接地域につながる都市域の拡大を引き起こしてきたことである。別の視点でいえば，農用地・緑地の減少である。また，地図上には詳しく表現されないが，木造平屋・2階建てから立体化が進み（建築の基準が1963年から31mまでの高さ制限に代わり容積率になる），建物の高層化により200mを超えるビルが増えつつあることである。江戸時代に始まる東京湾岸の埋め立ては1960年代から加速されていった。1955年から1999年の間に42.73km²の面積が増加した。23区の面積が7.4％増加し，このことは面積的に大きな一つの区が増えた勘定になる。この地域は木場からの貯木場の移転を含む物流機能に傾斜しているが，それだけでなく1970年以来都はレクリエーションのために公園を多数つくることにした。公園の合計は57カ所7.7km²に達している。

　1919年（大正8）発行の地形図（図1）では，東半分が東京低地の部分である。図の南東部に東京湾とそこへ注ぐ隅田川，中川河口部を見ることができる。隅田川河口の佃島・月島および木場・芝浦付近の埋め立てが進んだ以外は，江戸時代末期と海岸線の位置はあまり変わっていない。隅田川と中川の間は，東京湾最奥部の干潟が干拓されたところで，竪川・小名木川・大横川など，東西，南北に直線的な水路が発達している。小名木川は江戸川・利根川との連絡ルートとして，昭和初期まで重要な役割を果たした。品川沖には幕末の人工島である台場がみられる。

　図の東に続く東京低地の東部〜北部は水田の広がる近郊農村地帯である。1910年（明治43）の大洪水の対策として工事を行い，1930年（昭和5）に完成する荒川放水路（現 荒川）は（図の外になるが），

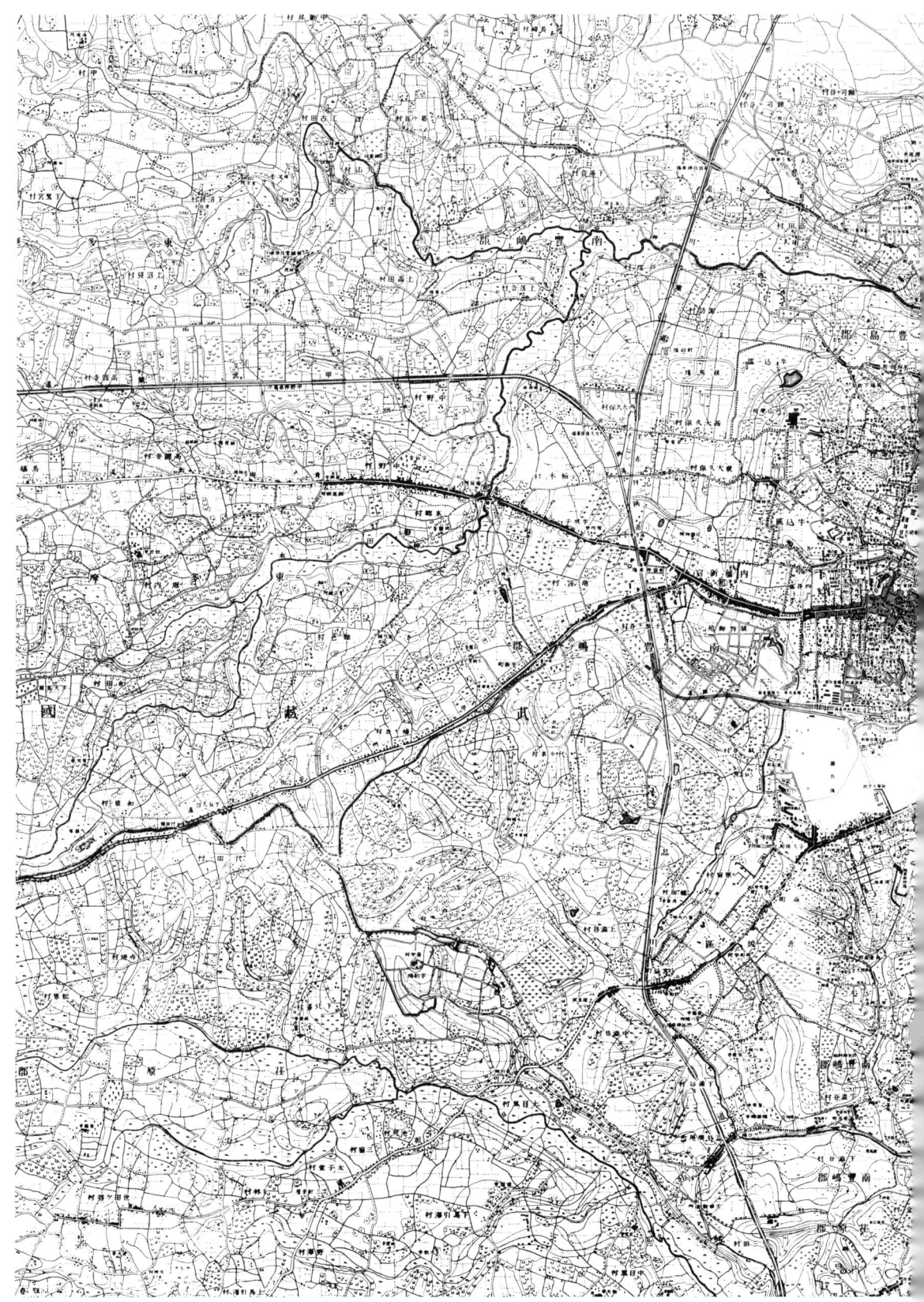

図1　1897年（明治30）頃の東京（2万分の1地形図「板橋」明治14年測量，「下谷区」明治13年測量，「内藤新宿」明治30年修正，

江戸から東京へ——世界都市の夢と現実　3

「麹町区」明治30年修正，×0.4)

図2　1917年（大正6）の東京（5万分の1地形図「東京西北部」「東京東北部」「東京西南部」大正6年修正，「東京東南部」大正5

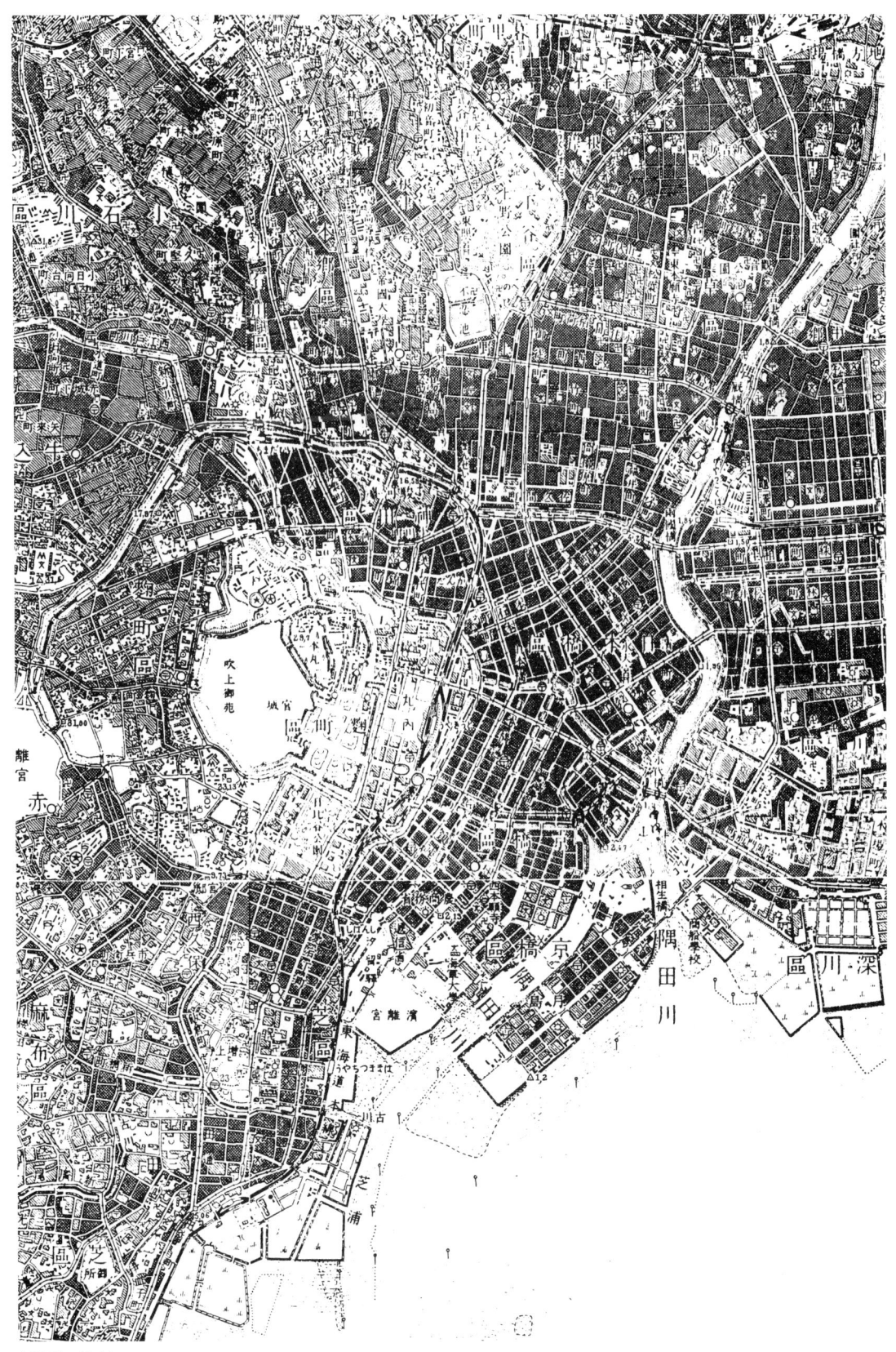

年修正，原寸）

図3　現在の東京中心部（5万分の1地形図「東京西北部」平成9年修正，「東京東北部」平成12年修正，「東京西南部」平成7年

修正,「東京東南部」平成10年修正,原寸)

写真2　レンガ造りのJR東京駅

当時の市街地を避けて郊外に建設されたものである。

　図2の西半分は山の手の台地部分である。上野公園〜皇居(宮城)〜増上寺が台地の東端部にあたる。さらに，武蔵野台地を刻む多くの谷が，山の手の複雑な起伏と坂の多い景観を生み出している。

　上野公園と帝国大学(現 東京大学)の間に不忍池があり，そこから北側の根津や千駄木付近は旧谷田川(藍染川)の谷底低地である。飯田町(現 水道橋)駅〜早稲田〜高田馬場駅付近は神田川の谷底低地であり，さらに上流では水田が細長く分布している。飯田町から四谷付近までの旧江戸城外堀部分は神田川の支谷を利用し，四谷から赤坂方面は溜池の谷が利用されている。麻布と白金の台地の間が渋谷川(古川)の谷である。中目黒から池尻方面へ続くのが目黒川の谷で，やはり水田がみられる。

　これらの台地を刻む谷底低地の部分は，水田から小規模住宅などの密集地へとかわり，台地上の邸宅地と対照をなしている。上流部や支流の水路はその後暗渠化されたものが多い。

2. 明治の都市計画

　江戸時代にすでに約100万人が住んでいたといわれる大都市であったが，明治維新による新体制になると，人口が減少して寂れた。とくに武士階級の消滅により全国の大名屋敷は著しい衰退をみた。ここにできた空地が明治以降の近代的な都市計画に利用され，首都としての施設として利用された。他方では，町人町の伝統をひく下町地区はいく分衰退したとはいえ，大きな変化はなく，ほとんど手がつけられずにあった。ここが大きく変わるのは関東大震災(1923年)によって焼失した後のことである。

　明治初め(10年代)は東京の範囲は現在の中央区を囲む狭い範囲を想定していた。20年代に江戸時代並みに拡大され，その後北から西にかけて現在の山手線のすぐ内側，東は大横川までになった。

　近代化の道を歩むことになり最初にとられた政策の一つは，西欧風な銀座煉瓦街の建築と再開発であり，これはイギリス人ウォートルスの手を借りたジョージア様式である。これが後の日本を代表する商店街になる基礎をつくった。藤森(1982)によれば，文明開化の最大の作品は銀座であるという。

表1 明治末期における軍用地と現在の土地利用

	1909(明治42)	現在の主要な用途
1	参謀本部・陸軍省	憲政記念館・国会議事堂前広場
2	近衛歩兵営・教育総監部	北の丸公園
3	近衛経理部	警視庁第1機動隊・皇宮警察宿舎
4	砲兵工廠	後楽園遊園地・東京ドーム・小石川後楽園
5	被服本廠	横網町公園・慰霊堂・墨田区役所・江東卸売市場・中学校・日大一高校
6	糧秣本廠	越中島1丁目倉庫群・住宅
7	衛戍総督部	最高裁判所
8	衛戍病院	国立劇場
9	軍医学校・軍馬補充部	東京通信病院・嘉悦学園高校
10	士官学校・中央幼年学校	防衛庁,防衛施設庁
11	戸山学校	国立病院医療センター・都営住宅戸山ハイツ団地・広場
12	戸山学校練兵場	学習院女子短大・高校・戸山高校・中学校
13	射撃場	戸山公園・早稲田大学理工学部・都営西大久保アパート
14	砲工学校	総務庁(統計局,恩給局)・警視庁第8機動隊
15	経理学校・振武学校	東京女子医大・税務大学校
16	輜重兵営・兵器支廠倉庫	慶應大学病院・医学部・小学校
17	青山練兵場	明治神宮外苑
18	陸軍大学	中学校・都営北青山1丁目住宅
19	近衛歩兵営	国学院高校・青山高校・都営住宅
20	近衛歩兵営	TBS
21	第1師団指令部・射撃場	青葉公園・一般住宅
22	歩兵営	防衛庁(跡地)
23	歩兵営	日本学術会議・東京大学生産技術研究所・物性研究所(移転)
24	白金火薬庫	自然教育園・都庭園美術館
25	兵器製造所(赤羽町)	病院(JT,都立民生,済生会中央)・三田高校・東京簡易保険事務センター
26	衛生材料倉庫	広尾高校・国学院大学
27	陸軍病馬廐分廠	お茶の水女子大学,筑波大学附属中学・高校
28	海軍軍人墓地	明治学院大学の一部
29	代々木練兵場	明治神宮・代々木公園・NHK
30	海軍兵学校・倉庫	築地中央卸売市場
31	火薬製造所	防衛庁技術研究所・金属材料技術研究所・東京共済病院
32	衛戍監獄	渋谷区役所・公会堂・税務署・小学校
33	騎兵実施学校	駒場高校・芸術高校・駒場桐朋・筑波附属駒場
34	越中島練兵場	東京商船大学(明治時代前半まで水産講習所,42年にはすでに東京高等商船学校)
35	海軍観象台	ロシア大使館

資料 国土地理院(1984)1万分の1地形図(明治vs平成)日本橋,新宿,渋谷・新橋(1989・90)
国土庁大都市圏整備局編(1995)東京都心のグランドデザイン,により筆者作成

　東京の商業中心が日本橋から銀座に移動することになるのは,この西欧化がきっかけとなる。建物はその後の震災で現存しないが,日本を代表する商店街としての名声は現在も維持している。ちなみに,最も地価の高いのも銀座4丁目であることが多い。

　新興国家の首都としての体裁を整えるには,官庁街の整備も必要である。国の権威の象徴として官庁を集中して配置し,官庁街を形成して近代的な都市景観を威風堂々と見せようとするのである。明治10年代にはドイツ人ベックマン,エンデを呼び,その計画に当たらせたが(日比谷練兵場跡への官庁集中計画),国内の政治状況が熟さずに,バロック風の大都市改造は失敗に終わった。他方,民間に土地を払い下げて開発した丸の内地区は,「一丁ロンドン」といわれるレンガ造りの街並みを形成してオフィス街となり,日本の経済活動の中心地となっていった。

　さらに,国家の中枢として国土の中心機能を果たすためには,東京を起点とする全国的な鉄道網の建設が重要課題であった。1872年(明治5)の新橋〜横浜間の鉄道開通後,おもな幹線鉄道が放射状に整備されたが,中央駅(東京駅)の設立と新橋〜上野間の高架線による接続,さらには環状線としての山手線の完成は,東京の基盤整備として最も重要であった。辰野金吾設計によるレンガ造りの東京駅の完成は1914年(大正3)のことで,山手線全通は1925年(大正14)に実現した。現在に至るまで東京の便利さはこの山手線の存在に負うところが大きく,多くの路線のターミナルとなっている。

図4 軍用地の分布図（ベース図は，5万分の1地形図「東京西北部」平成9年修正，「東京東北部」平成8年修正，「東京西南部」平成7年修正，「東京東南部」平成10年修正，×0.71）

3．大軍事都市東京

　明治政府の富国強兵政策のもとで目立つのは東京の軍事都市化である。江戸城＝皇居を取り囲む旧大名屋敷跡の多くの部分が，軍関係の敷地となっていた。部隊の駐屯地，訓練所をはじめとして，工場，倉庫，兵学校に至るまで多くの施設が現在の山手線内に存在していた（表1および図4参照）。さらにその外側には監獄もあった。また，この地図の範囲外であるが王子には火薬製造所もあった。このように首都の中心部が軍事化され，周辺部にまで連続している都市は他の国に例をみないであろう。これは明治時代の政治動向が忠実に都市空間に反映されているものといえよう。一部は大正，昭和の戦前から用途が変わりだしたが，第二次世界大戦後の変化が大きい。そのうち防衛庁関係に引き継がれているのは3カ所で，一部は住宅地（団地）になっているが，多くは公共用地で中学，高校，大学などの教育研究機関関係，病院，放送，官庁，大使館などもある。また，公園緑地などのオープンスペースとしても重要な役割を果たしている場所もある（表1）。

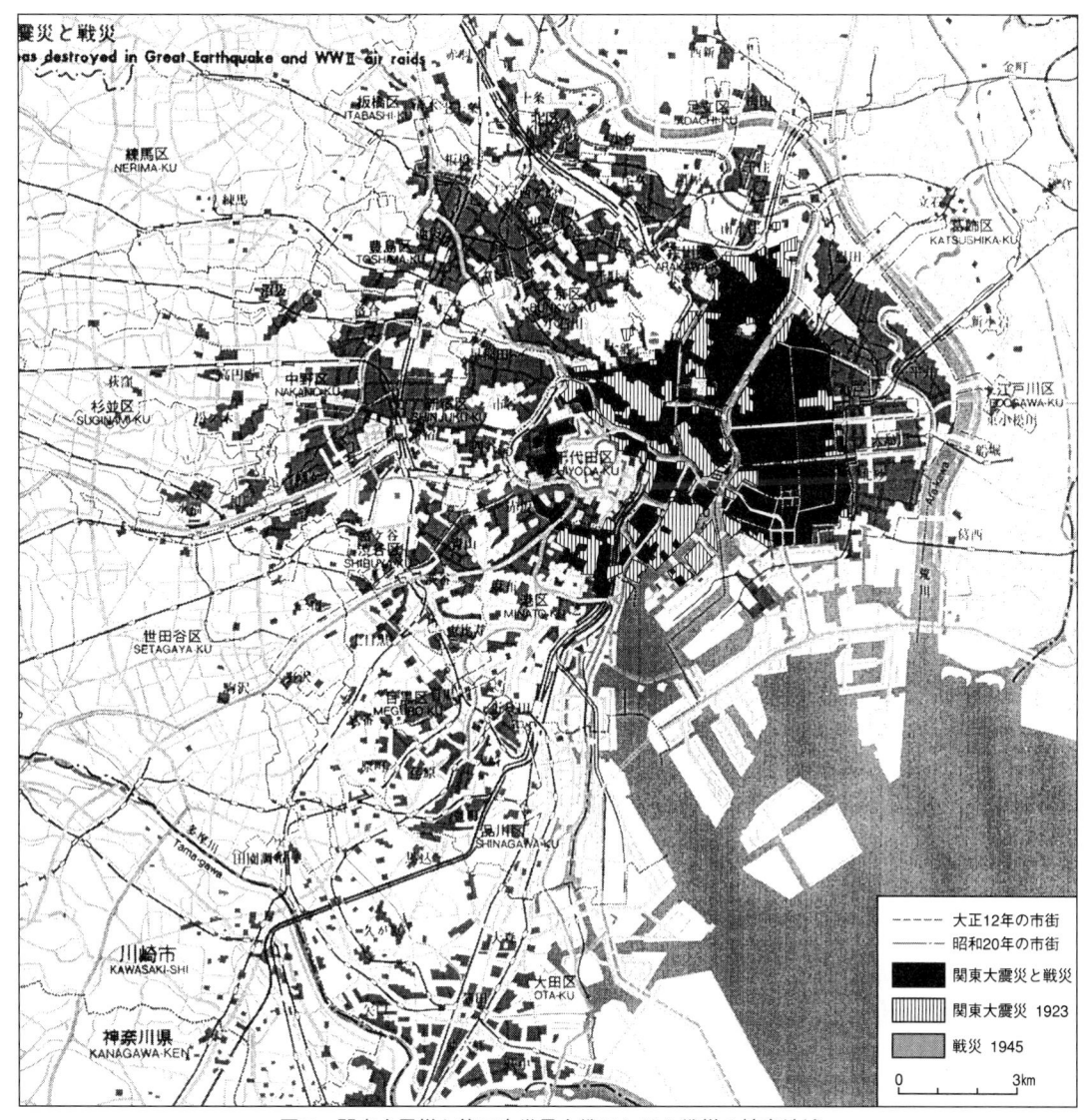

図5　関東大震災と第二次世界大戦における戦災の被害地域
（正井泰夫監修：『アトラス東京——地図で読む江戸〜東京』，平凡社，1986，p.30より）

関東大震災と帝都復興計画　1923年（大正12）9月1日に発生した関東大地震では東京の60％の世帯が被災し，東京府で死者6万8215名，不明3万9304名に及んだ。家屋などの被害のとくに激しかった地域は，神田川や古川（渋谷川下流）沿いなどの山の手の谷底低地と，下谷，浅草，本所，深川など沖積層の厚い下町の低地部であった。台地を刻む谷の出口付近は局所的に厚い泥炭層がみられ，幕末の安政江戸地震（1855年，直下型地震）の際も大きな被害があったところである。東京低地の各所では地盤の液状化もみられた。下町地域では木造家屋の被害が大きかったうえ，数カ所から火災が広がり，都心部から下町にかけての市街地の46％（1,100万坪，約3,830ha）を焼失した。

　震災後，東京市長の後藤新平による帝都の復興計画は，議会の反対により予算は30億円から約8億円に縮小されたものの，当時の国家予算の半分の規模に匹敵した。1930年までに3,600haの土地区画整理が行われ，下町を商業地域，品川・大森（図幅外）を工業地域，山の手を住宅地域に指定した。

震災後の市区改正（現在の都市計画）による都市整備により完成したのは，日比谷公園と丸の内オフィス街である．街路の拡張と新設を行い，直線状の幹線道路網をつくりあげた．さらに運河，公園（隅田，浜町，錦糸の三大公園）を整備し，隅田川に12の個性ある橋と橋詰広場の整備を含む425の橋をかけた．スラムクリアランスも一部では行われた．鉄道整備・荒川放水路の建設なども進められた．

4．空襲・復興・オリンピック

焼失から復興へ　1945年（昭和20）3月10日夜に代表されるように，第二次世界大戦の末期においては連日の空襲により1万6100haに及ぶ面積が焼失し，85万戸を失った．戦後の復興計画では2万165haの土地区画整理計画がたてられたが，1948年の施行開始までに3,296haに減り，さらに1949年のドッジラインにより計画が縮小されて，結局完成したのは国鉄駅前の1,652haに止まる．現在でも駅前整備が遅れているのが多いのは，このときの負の遺産である．関東大震災の後の実行計画とは戦後のおかれた経済状況が異なるとはいえ，よい対照となる．しかし，名古屋，広島のように整然とした都市計画を実行した都市もあり，改めて東京の行政力量が問われることになる．

東京オリンピックによるインフラ整備　このような状況を変えたのが，1964年（昭和39）に行われた東京オリンピックである．最初のオリンピック誘致計画は1930年に起こり，1936年には1940年の開催が決定し，東京湾岸を会場とすることにしたが，戦争のために1938年に中止された．1964年の会場は代々木と駒沢公園が中心となった．これを機に現在の生活を支える基本的なインフラの整備がなされた．地下鉄建設（国鉄との相互乗り入れが始まる，8路線．これに伴い1903年（明治36）から続いた路面電車が廃止される），羽田空港～浜松町のモノレール開通，東海道新幹線の開通，道路整備すなわち高速道路の建設（1959年首都高速道路公団設立，8路線），放射4号線（国道246号，青山通り），環状7号，甲州街道（国道20号，マラソンのコース）が優先された．鉄道の高架化も進んだ．さらに上下水道の整備では，水源が多摩川から利根川水系への転換がなされ（武蔵大堰と朝霞浄水場の建設），遅れていた下水も整備され，水洗式トイレに変わっていった．住民用の狭い道路まで舗装が進むのもこの時期である．現在使用しているスポーツ関係の諸施設は，国立競技場や代々木体育館，駒沢公園の競技場など大部分のものはこのとき整えられたものであり，もしそれがなかったとしたら，長らく東京はたいそう貧弱なインフラのままの都市であったということになる．他方，首都高速道路にみられるような都市景観の破壊（代表的なものとして日本橋）によって失われたものも多い．いずれにしろ，戦後の都市計画が不十分であった遅れを一挙に，部分的ではあるが解消したといえる．

首都圏整備法と新宿副都心の整備　昭和になると1927年（昭和2）に街路網の都市計画決定がなされ，幹線放射道路16，環状線3（6，7，8号）という現在の都市の原形がつくられる．その後に新宿西口の淀橋浄水場（34ha）の移転計画が1934年にすでに存在したが，戦争で実行できなかった．1958年になると対象地域を96haとして再び計画され，1960年に都市計画決定（59ha）がなされた．実施母体としての新宿副都心建設公社が設立された．新宿副都心計画としてまず駅前広場（1966年完成）と業務施設（11街区，16.4ha）からはじまり，超高層ビル群（最初が1971年完成の京王プラザホテル，高さ169m）が立ち並び，東京のあるいは日本の都市景観を根本的に変えていった．現在でも笹塚方面への第二国立劇場の建設，さらに新宿駅南口の開発にみられるように変化しつつある．都庁の移転（1991年）に象徴されるように東京の都心が西に移動拡大し，都市構造にも大きな影響を与えている．

東池袋の東京拘置所跡地利用(7.5ha)も山手線内の大規模な再開発計画として注目された。1978年開業のサンシャインシティは事務所，ホテル，商業施設などを配した複合施設である。サンシャイン60ビルは横浜ランドマークタワーが完成するまで日本で最も高いビルであった。現在の東京都のマスタープランによれば，業務地域の分散化と都市整備をかねた副都心として，新宿を筆頭に山手線の環状沿いに，池袋，渋谷，上野・浅草，大崎を設定し，さらに東に錦糸町・亀戸，南側の埋立地に臨海副都心の7カ所を予定している。

5. 世界都市東京を目指した再開発と臨海埋立地の形成

1980年代後半，東京は経済成長が続き，日本のGNPの増大と経済力から経済の国際化が進み，「世界都市東京」といわれるようになり，ニューヨーク，ロンドンとならぶ国際金融のセンターの一翼を担っていた。とくに1980年代後半からのバブル経済による経済活動の東京一極集中が進み，オフィス需要の増加が都心の再開発を促し，ウォーターフロント開発を推し進めた。芝浦地区，隅田川河口沿いの倉庫群，佃島の造船所などの大規模な再開発が行われて芝浦の天王洲アイル，月島の大川端リバーシティ21，晴海トリトンスクエアなどの高層ビル化が進んだ。

1986年に計画された臨海副都心開発基本計画に基づき，1988年東京臨海副都心建設株式会社を設立して埋立地の青海・有明地区の開発が進められた。しかし，1991年のバブル崩壊によりこの計画は頓挫した。1996年の「世界都市博覧会」開催を開発の起爆剤とする手法は時代遅れとなり，1995年開催反対を唱える知事を都民は選択した。テレコムセンター，ビッグサイトなどの第三セクターによる建設は1996年までに終わったが，その利用はバブル崩壊とともに計画通りには進んでおらず，都の財政を圧迫している。その後1997年にこの開発計画が見直されて，新しい街づくり計画の方向が求められている。業務中心から多心型の都市を目指して，442haの土地に居住人口4.2万人，昼間就業人口7万人が計画されている。他方，民間部門のテレビ・放送会社の進出と，ホテルの営業，またアクアシティ台場，パレットタウンといった複合商業施設，大観覧車は若者を中心に人気を呼び集客力が高い。東京国際展示場(東京ビッグサイト)の利用も国際会議や展示会が多く開催され，千葉の幕張メッセや横浜のMM21よりも立地上の優位に立っている。レインボーブリッジの建設とそこを通る自動運転の新交通システム「ゆりかもめ」は予想以上の乗客率をえて，この種の鉄道としては異例の黒字を出している。交通の便も次第に改善されて，臨海副都心線が2002年2月に京葉線・地下鉄有楽町線の新木場から天王洲を経て将来的には副次的な中心地となる品川，大崎において山手線に接続された。

ごみ処理の最終処分地として東京都は，残土処理も含めて埋立地を拡大し，羽田空港の拡張，貯木場の移転，臨海副都心とつくってきた。現在では中央防波堤内側と外側を用いてごみの最終処分地としているが，さらにその外側に処分場を予定している。自然の破壊とともに東京の拡大は止まるところをやめないが，その方法も限界になっている。首都機能移転の論議の行方がこれにかかわってくる。

〔寺阪昭信・久保純子〕

(参考文献)
石塚裕道(1991):『日本近代都市論 東京1868-1923』，東京大学出版会.
越沢 明(1991):『東京の都市計画』，岩波書店.
藤森照信(1982):『明治の東京計画』，岩波書店.

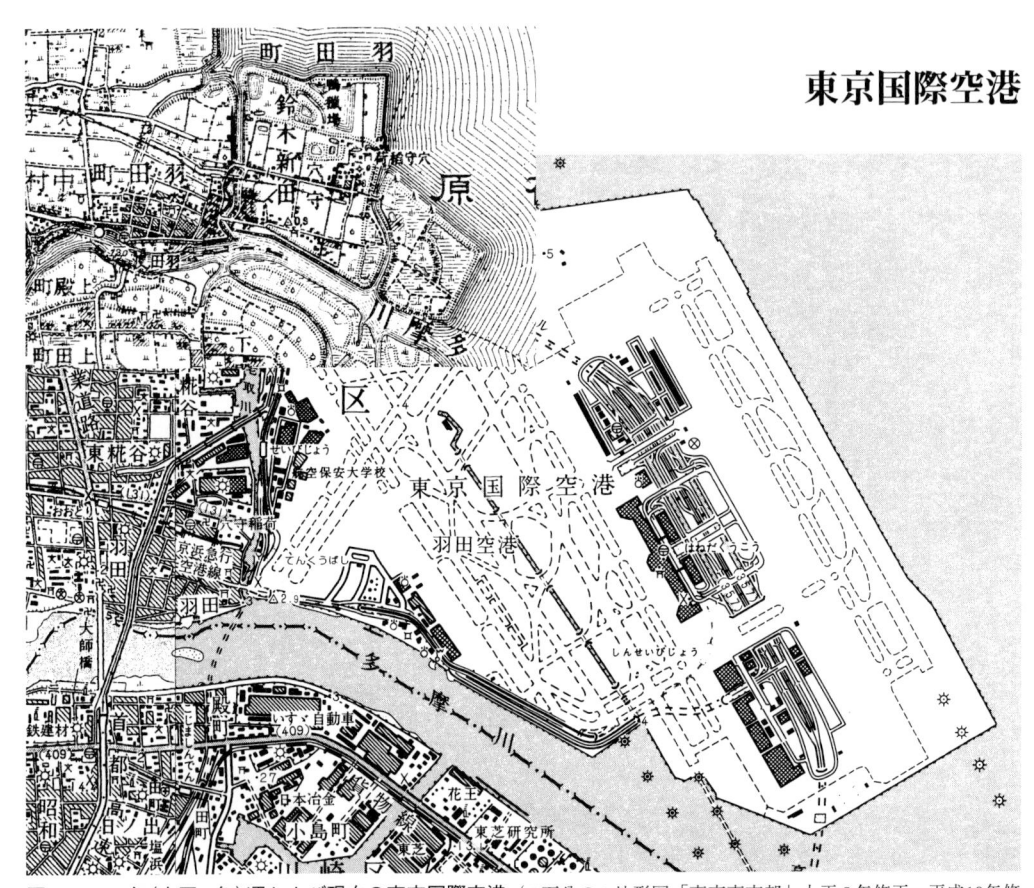

図6　1917年(大正6年)頃および現在の東京国際空港（5万分の1地形図「東京東南部」大正5年修正，平成10年修正，「東京西南部」大正6年修正，平成10年修正，原寸）

　東京国際空港の前身である，羽田飛行場は1931年(昭和6)に開設された。第二次世界大戦中は海軍の基地として使用され，戦後は占領軍に接収された。日本に返還されるのは1952年(昭和27)で，東京国際空港となった。その後，航空運輸の発展に伴い拡張を続けてきたが，狭隘さや空路の過密の解消にはならず，1978年(昭和53)にいく多の問題を残しながら，新東京国際空港が千葉県の成田に建設された。東京国際空港は，国際空港としての主要な役割は新東京国際空港にゆずったが，国内航空の中心空港としての機能を果たしている。その後沖合移転が決まり，1974年に羽田沖が廃棄物処理場として認められて埋め立てが進んだ。結果として408haから1100haに順次拡張され，3000m2本・2500m1本の滑走路をもち年間23万回の発着を可能とするまでに拡大された。国際空港として機能も拡大することと滑走路の増設が検討されている。それに伴い空港へのアクセスには，ＪＲ浜松町からのモノレールと定時運行に心配のあったバスが利用されていたが，埋立地の地下には首都高速湾岸線が走り，関東各地発のバスの定時運行が確保されるようになったし，京浜急行も旧羽田空港駅から延長して空港に乗り入れて利用客には便利になった。

〔松田磐余〕

大学に囲まれた中核都市 八王子市

写真3　南上空から見たJR八王子駅周辺

1. 50万都市の中核機能

八王子市は，2000年の国勢調査で人口が53.6万人，全国で21番目の大都市となり，行政的にも大きな権限をもちうるようになった。しかし，北部のJR中央線に沿う旧来の中心部と，南部の多摩丘陵の中に京王相模原線に沿って展開する多摩ニュータウン地区とは生活圏が異なり，いわば複合都市の様相を呈している。

八王子市の中心市街はJR八王子駅を中心に広がり，西隣の西八王子駅から高尾駅方面へ連坦している。図7の西側に高尾山があり，第三紀小仏層の分布する小仏山塊となって関東山地の南端部を形成する。この小仏山塊から北浅川と南浅川が流出し，水無瀬橋の下で合流し，さらに東流している。北浅川と南浅川の間には，恩方・元八王子・舟田丘陵が連なり，浅川の北部は加住丘陵，南には小比企丘陵が発達し，市街地は盆地の底のような位置にあって，寒暖の差が大きい。

八王子は，古くは関八州，少なくとも明治以降は南多摩郡の行政中心としての役割を果たしてきたし，また織物の町としての商業も盛んであったが，現在，その割には商業機能があまり発達していない。昼夜間人口率は100.63％になったが(1995年国勢調査)，小売商業吸引率は75.7％にすぎない(1996年東洋経済調査)。八王子市には，売場面積3,000m²以上の大型店が18店あり，八王子駅前には駅ビルのほかに2店が並び立っているが，いわゆるデパートはかつての中心市街地であった甲州街道沿いから駅前へ集中する傾向にあり，かつ有名店舗の参入・退出による交代が著しく，店舗面積はあまり増えていない。

しかし，駅前景観は地方中心都市並みに充実されつつあり，地下駐車場と駅前広場も完成して，ここから市域周辺部に立地する大学行きの表示を掲げたバスが発着しているところに八王子の特色がある。現在，市内に立地している大学・短大・高専などは22校あり，市内の駅から通う隣接市の分も含めると24校になる。

図7　1912年（明治45）の八王子町（5万分の1地形図「八王子」明治45年修正，原寸）

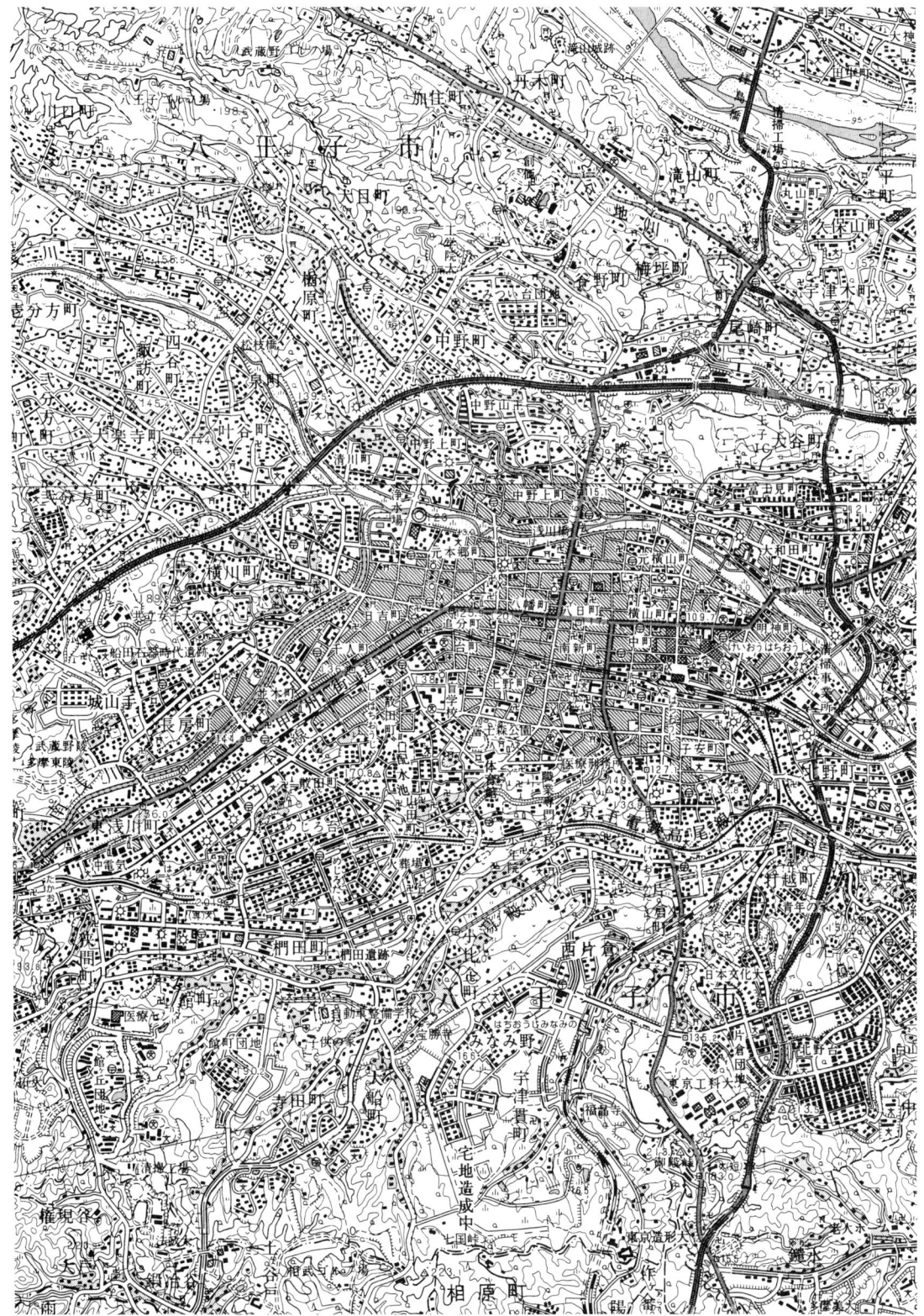

図8　現在の八王子市(5万分の1地形図「青梅」平成9年修正,「八王子」平成12年修正,原寸)

2. 市街地の形成

　市街地中心部の八幡八雲神社境内に横山神社があり，その北の妙薬寺境内に横山氏供養の宝匡印塔があり，このあたりが多摩丘陵を勢力圏とした横山氏の根拠地であったと考えられている。横山氏は武蔵七党の一つで，武蔵国造となった小野氏（日野と府中に小野神社がある）の後裔であるといわれ，1213年（建保1）に和田義盛の乱で滅亡した。

　その後，1521年（大永1）に小田原北条氏のもとにあった大石定重が，図7の最北端に見られる滝山城を築いた。その城下には横山宿・八日市宿・八幡宿があって，滝山紬が商われて繁盛したといわれ，その後の八王子宿形成の原型をつくっていたものと考えられる。滝山城は武田信虎の援軍を得た北条氏康に攻められて，1536年（天文5）落城し，北条氏照の支配下となって，図7の西外側に当たる城山に八王子城を築いた。この時，913年（延喜13）から深沢山に祀られていた牛頭八王子権現を城の守護神としたことが，今日に至る八王子地名の起源である。八王子城の城下町が元八王子で，横山宿・八日市宿・八幡宿があり，小字にも残っている。しかし，八王子城は上杉景勝・前田利家などの豊臣秀吉勢に攻められて，1590年（天正18）落城した。

　落城後の城下町は，三転して現在の八王子市街を形成することになった。ここは北浅川と南浅川の合流点で比較的平地が広く，甲州街道（現　国道20号）と川越道（現　国道6号）の交点で，横山氏の由緒がある要地であった。この市街地の形成が，北条氏照の武将で前田利家の家臣に縁故があったといわれる長田作左衛門によるものかどうかは，「ナカッタ，ツクリザエモン」説を含めて疑義のあるところであるが，駿府より派遣された大久保石見守長安によるところは大きいと思われる。

　甲州街道に沿って，東から横山・八日町・八幡の3宿，さらには八木宿を加えた4宿を碁盤目状に町割りし，元本郷の石見土手に守られた浅川右岸段丘上に，整然とした街並みをつくった。後に，八王子4宿は15宿に拡大されるが，その西の甲州側には武士集団の千人隊（同心）の集住する千人町がつくられ，八王子は城をもたないが城下町と同じような機能をもっていた。そして，八王子には関東地方一円を支配する代官が在任していたが，1699年（元禄12）18代目をもって江戸に引き上げていった。つまり，八王子の中心性は低下したのである。

　八王子は甲州街道の宿場町，あるいは周辺在郷村の中心的な市場町としての役割のほうが大きく，横山宿と八日市宿には4・8の六斉市が交互に立ち，両宿に本陣と問屋場があった。

3. 八王子の近代化

　図7の明治期の地形図を見ると，八王子の市街にくっきりとした碁盤目状の町割りを見ることができ，南浅川が自然の流路よりも西で北浅川と合流しているところがみてとれる。市街地より東部の浅川両岸は水田になっているが，南浅川・北浅川の両岸を含む八王子市街の周辺部はほとんどが桑畑になっていて，水無瀬橋という名前からも，この付近が乏水性の扇状地であったことが分かる。一般に八王子市街の南部では低平な丘陵部に分け入って桑園が多く，養蚕業が盛んであったが，北部では山間に分け入って桑園も少なく，織物業が盛んであった。

　織物の生産と取引は江戸時代から盛んであり，元禄時代の初めには，六斉市が開かれるのに先立って織物市が開かれるようになり，縞市と称された。宿方に店を構えて縞買いをする買継商のほかに，

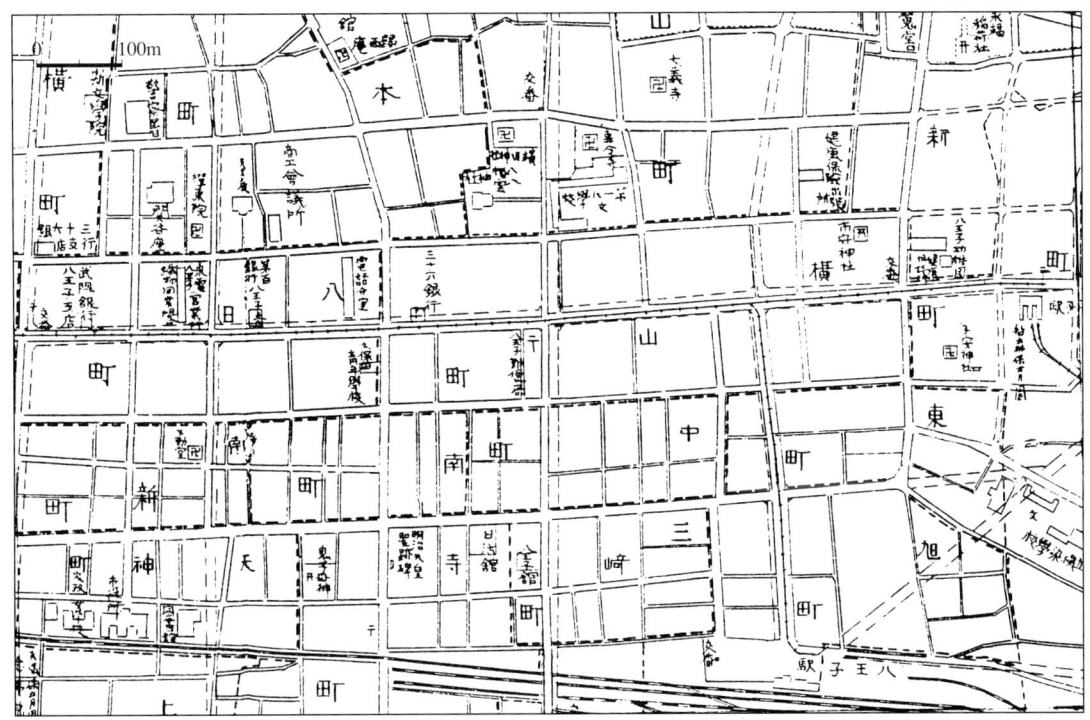

図9　昭和初期の八王子(寺島永作:『八王子市全図』,1937年,8620分の1,原寸)

周辺農村を巡回して仲買いするものが現れ,地主が小作人を組織するマニュファクチュアも天保年間には,恩方方面に現れている。

　それが,幕末から明治にかけて生糸の輸出が盛んになると,八王子は生糸の集散地として栄え,八王子から横浜に至る横浜街道に沿った遣水(やりみず)商人が,生糸商として活躍するようになった。しかし,粗製濫造の不評をなくすために,1872年(明治5)の全国的呼びかけに応じて,ただちに八王子生糸改会社も設立されたが,製糸業勃興の勢いも強かった。1876年に荻原彦七は西中野に荻原製糸を創業し,浅川に荻原橋を架ける(1901年)勢いであったが,1903年(明治36)には片倉組に譲渡し,1912年の地図には片倉製糸場と記されている。図7では,1908年に開通した横浜線(八浜線)は描かれているが,1931年(昭和6)に東飯能まで開通した八高線は描かれていない。いずれも養蚕・製糸地帯と輸出港横浜を結ぶために敷かれたものであり,1889年(明治22)に敷かれた甲武鉄道(現 JR中央線)も糸都岡谷との連結(1905年)を求めて西進していった。

　また,図7で,中央東線が北野で打越のほうへ短い引込線を分けている。これは,1897年に設立した八王子煉瓦製造の引込線で,後に関東煉瓦,さらには大阪窯業に吸収され,関東大震災とともに衰運に傾き1932年には閉鎖された。

　一方,織物業も明治維新とともに他産地の技術を導入して近代化の速度をはやめた。1873年には米沢から絹綿交織の技術が伝えられ,1895年には桐生から御召技術が伝えられて,男物産地から女物産地への製品転換が行われた。当時,舶来の化学染料の使用法が大きな課題であり,1886年には同業組合ができて製品の向上に当たり,1887年には八王子駅の東に染色講習所(現 東京都繊維試験場)を開業し,1895年には八王子染色学校(現 八王子工業高校)が設立された。

染色学校は東京府立になったが，1939年（昭和14）に現在の千人町へ移転するまで染色講習所に隣り合っていたので，図9の1937年の地図を見ると，現在の東放射線（当時はまだ計画）にまたがって描かれている。織物業は市街地西北の農村部に多く発達したが，1909年（明治42）以降の力織機の導入により市内に大規模工場が集中するようになり，西部の染色業と東部の撚糸業と地域分化した。

　このような八王子における製糸業や織物業の発達を背景として，地元の織物商や呉服商などによって1878年（明治11）には八王子銀行が設立され，1879年には八王子第三十六国立銀行が設立されたが，八王子銀行は1889年に第七十八国立銀行を合併したものの，1908年には解散している。しかし，1937年の地図（図9）をみると，八日町に第三十六銀行や武陽銀行，第百銀行などの本・支店が軒を並べている。第三十六銀行は後に富士銀行となり，第百銀行は現在の東京三菱銀行となった。また，すでに京王線（旧 玉南鉄道）が開通され（1925年），東八王子駅が開業している。そして，甲州街道を路面電車が走り，八王子駅と東八王子駅前に通じていた。これは，1929〜32年に高尾橋から通じた武蔵中央電気鉄道であるが，1939年（昭和14）には休止された。

4. 八王子市の大都市化

　八王子が町制を施行したのは1889年（明治22），市制を施行したのは1917年（大正6）で，都下では最初であった。その時の人口は4万2043人で，既に都市としては大きいほうであった。そもそも八王子は，江戸時代の初めからかなり高い中心性をもち，明治以降も製糸と織物というその当時の花形産業の中心として栄えてきた。それが5万人を超えるのは1929年であった。1927年（昭和2）には多摩御陵が築造され，甲州街道が整備されたほか，京王の御陵線が開通し（1931年），これは1967年に現在の高尾線に復活利用された。

　戦争中は，一時，製糸業も織物業も衰退したが，京浜方面から軍需工場が，1944年（昭和19）には東京陸軍幼年学校が，新宿区から八王子へ移転してきた（現 長房団地）。だが，1945年8月には軍事施設を中心に空襲を受け，中心部の市街地の80％を消失した。

　戦後の八王子は，ガチャ万景気で復活し，1970年にはウール着尺を中心に449万反を織って全盛期をなしたが，その後の洋装化の進展と高度経済成長により伝統的な織物業は衰退し，電機工業や精密工業と主役を交代していった。1959年（昭和34）には首都圏整備法に基づく市街地開発区域に指定され，60年から狭間・東浅川・北八王子などの工業団地が開発されて機械工業地域化が進む一方，63年の長房団地開発以降大規模住宅団地と分譲地の開発が進み，また同年の工学院大学移転（新宿から）を皮切りとして，工業等制限法に基づく都区内からの大学移転が進行した。つまり八王子は，城下の宿市から織物工業都市へ，そして機械工業都市へ，さらに住宅都市・学園都市へと多機能化することにより，しだいに大都市化してきた。そのなかで，市街地や駅前の整備が急がれたり，全国的シェアの高いネクタイ生地の生産を中心に，ファッション都市化が模索されたりしている。

〔北村嘉行〕

(参考文献)
八王子市史編さん委員会(1967)：『八王子市史』，八王子市役所．
八王子事典の会(1992)：『八王子事典』，かたくら書店．
樋口豊治(1998)：『八王子の歴史』，有峰書店新社．

多摩地区の拠点都市

立川市・国立市

写真4　立川駅(左)と多摩モノレール・立川北駅

1. 交通の要衝としての拠点都市

　立川市はJR中央線から青梅線を分岐して、西多摩・奥多摩方面と連なっている。また同鉄道からは南武線も分岐しているほか、南北の駅前からは55路線のバスが発着して乗降客が多く、また多摩地区を南北に結ぶ多摩モノレールも開通して経済圏を拡大している。そのために、立川市の人口は多摩地区で第8位となってあまり多くないが(2000年国勢調査16.5万人)、人口1人当たりの小売販売額は武蔵野市に次いで高く、商圏の広さを示している。また、立川市は旧北多摩郡の中心的機能をもっていたほかに、多摩地域全体の中心として、府立二中(1901年、現　立川高校)の開設や東京府の原蚕種製造所(1916年)、農業試験場(1920年)が設置されたり、今日では東京都の旅券発給所があったりする。

　立川市は、1922年(大正11)の飛行場開設以来、ながく軍都としてそして戦後は基地の町として発展してきたが、1977年(昭和52)の全面返還以降、跡地を利用した昭和記念公園開設のほかに都市的諸機能の建設と整備が進められている。これは、1985年の首都改造計画で八王子とともに業務核都市として位置づけられたほか、1995年に策定された東京都第3次長期計画の中で、八王子・多摩ニュータウン・町田・青梅とともに、"多摩の心"の一つとして位置づけられたことによるものである。

2. 甲武鉄道開通以前の立川近辺

　1889年(明治22)に甲武鉄道が新宿から通じ、立川駅が開設する前は、多摩川に臨む柴崎村や青柳村・谷保村と五日市街道に沿う砂川村があって、その間はほとんど雑木林と桑畑であった。甲州街道に沿った谷保村は、道行く人を相手にした商売などで栄えていたが、柴崎村は日野渡より上流で水田が多く、砂川村は養蚕業が盛んで砂川太織(絹紬)も生産されていた。1871年(明治4)には砂川村に水車利用の共同製糸場が設けられ、翌年には器械製糸工場が開業している。

　五日市街道の北側を江戸・東京の飲料水となる玉川上水が流れ、1870年(明治3)には上水を利用して東京とつなぐ水運も行われたが、2年で中止された。砂川では三番に巴河岸が設けられた。また、

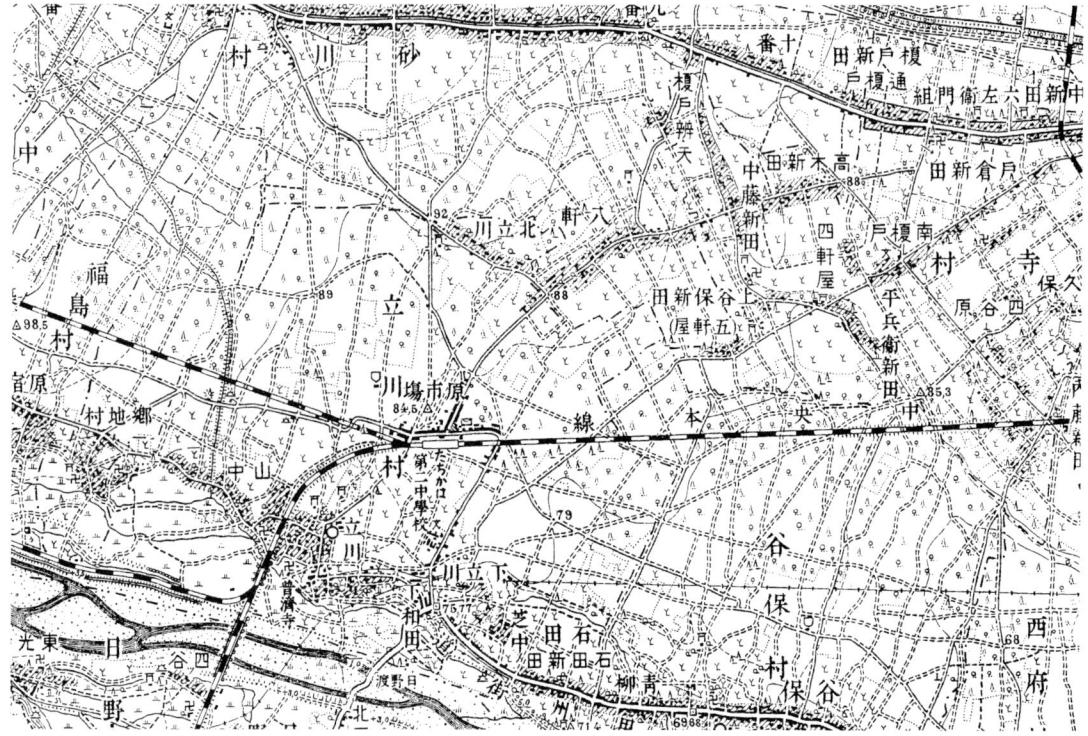

図10　1912年（明治45）の立川村（5万分の1地形図「青梅」明治45年修正，原寸）

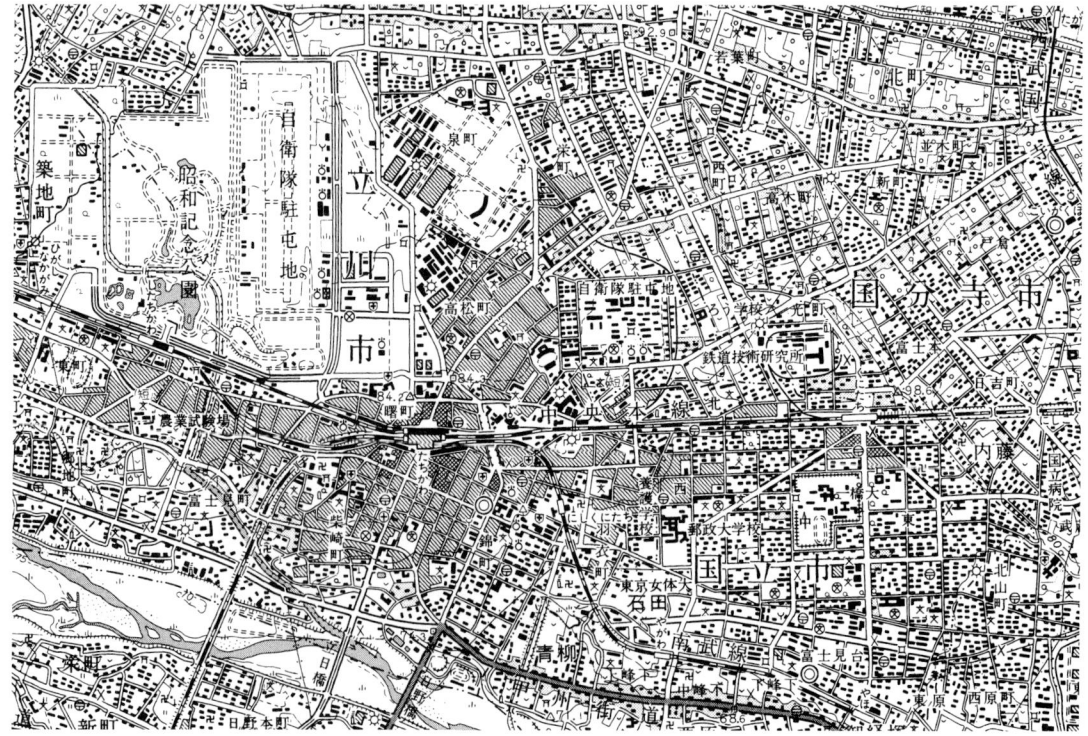

図11　現在の立川市・国立市（5万分の1地形図「青梅」平成9年修正，原寸）

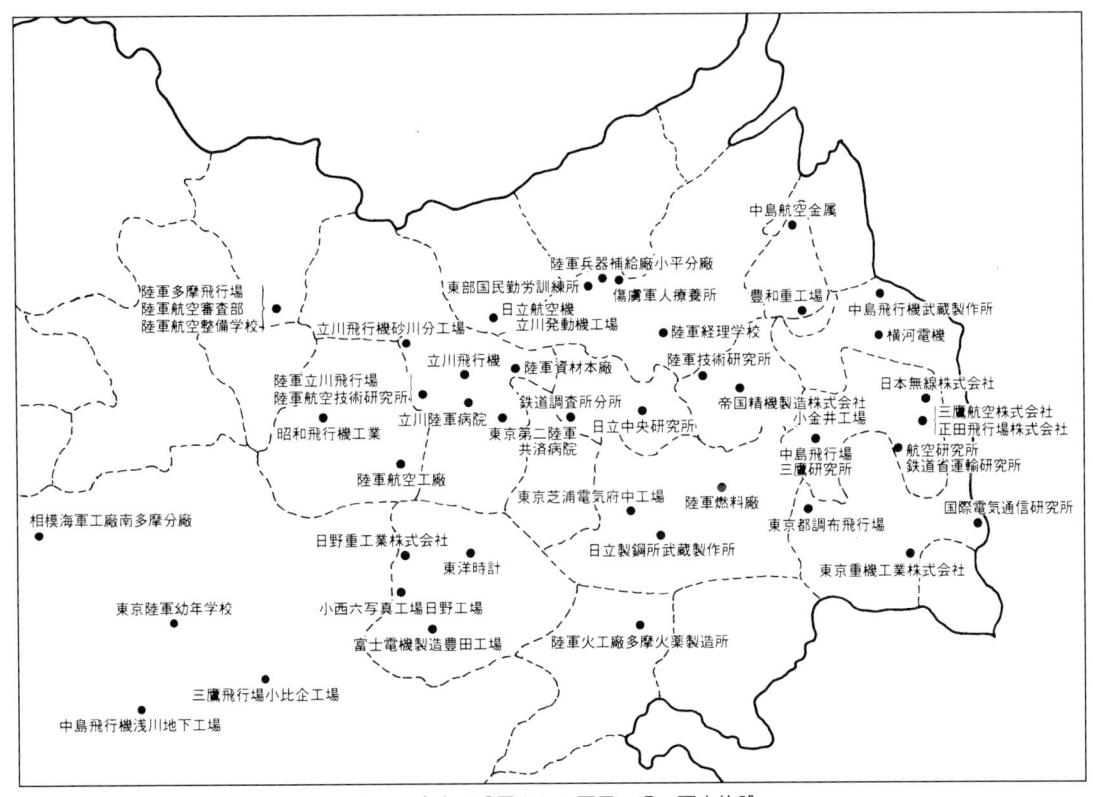

図12　多摩に設置された軍需工場・軍事施設
(多摩百年史研究会：『多摩百年のあゆみ―多摩東京移管百周年記念』，東京市町村自治調査会，1993年，pp.132～133による)

上水の土手を利用して馬車鉄道を敷設することも計画されたが認可されず，結局，現在のルートになって，中野～立川間の鉄道は直線で結ばれることになった。甲武鉄道の開通によって甲州街道筋はさびれたが，立川駅前の繁盛も遅々としていて，1906年(明治39)に詠んだ「立川の駅の古茶屋さくら樹のもみぢのかげに見送りし子よ」という若山牧水の歌碑が駅前に建っている。甲州街道が多摩川を渡る日野渡が橋になったのは1926年(大正15)のことである。このころ甲州街道を東京へ向かって運ばれる重要な荷物の一つが多摩川の砂利であったが，これも鉄橋東側の上流側に引込線が敷かれ，鉄道を利用して関東大震災の復旧に貢献するようになった(図10)。

立川は，もとは柴崎村といっていたが，1881年に中世の豪族立河氏に因んで立川村と改称し，1889年に郷地村などと十カ村連合をつくり，1923年に町制を施行した。この地区は1868年(慶応4)には，韮山県から神奈川県に属していたが，他の三多摩(北・南・西多摩郡)地方とともに1893年(明治26)，上水源確保と自由民権運動抑圧のために東京府に移管された。

青梅鉄道(JR青梅線)が開通するのは1894年であり，南武鉄道(JR南武線)が開通するのは1929年のことであった。これによって，立川の中心性が高まるとともに，奥多摩の石灰石やセメントが京浜工業地帯へ直送されるようになった。また，むかし多摩川のいかだ流しによって運ばれた青梅の西川材も，鉄道によって運ばれるようになった。つまり，武蔵野台地西部における農村地域の近代化が進んだのである。

3．軍都立川の発展

　立川に飛行場ができて各務原（かがみはら）から飛行第5大隊が大正年間に移駐し，軍都立川あるいは軍需工業地帯多摩地区の歴史が始まることになった。立川飛行場は羽田（1931年）に先駆けて開設されたものであり，1929年（昭和4）には大阪と初の定期旅客輸送が始まっている。

　やがて，1930年に横河電機が渋谷から武蔵野市へ移転してきたのを皮切りに，府中や日野などに軍需工業が京浜工業地帯から分工場を出したり移転するようになってきて，多摩地区の軍需工業地帯化が進むことになった。なかんずく中島飛行機（後の富士重工）の工場が荻窪・武蔵野・三鷹にできたほか，立川飛行機・昭和飛行機，大和の日立航空機など，日本の軍事航空工業地帯が形成されることになり，立川飛行場自体が帝都防衛の前線基地になることになった。立川に市制が施行されたのは，このような時代の1940年（昭和15）のことである。

　その結果，多摩地区は空襲も頻繁に受けるようになり，戦後の立川の軍関係施設は米軍基地に接収されていった。一方，戦時中の軍需工場が民需転換して多摩地区の中核的な大規模工場となるほか，軍事施設が教育・研究機関や大規模住宅団地の用地となり，首都東京の拡大を助長することになった。立川も他の都市と同様，とくに高度成長期における多摩地区住宅地化の拠点となり，立川を中心とする交通網が発達して駅前デパートが繁盛した。しかし，下水道など多摩地区の都市的諸施設の整備は一般的に都区内より遅れ，三多摩格差として問題視された。

　最近は，多摩都心立川（ＴＴＴ）計画によって，1994年には商業地区ファーレ立川が街開きし，1998年には多摩モノレールが開業，ＪＲ駅南口駅ビルのグランデュオの開発とともに，北口には二つの百貨店が新設されて立川の中心都市的性格がさらに増大してきた。

4．学園都市　国立

　甲武鉄道開通以前，甲州街道に沿った谷保村の北の台地の上には雑木林が広がり，村人が薪炭や刈敷を集めるヤマ（経済林）があった。これを箱根土地が，関東大震災を機に移転候補地を探していた東京商科大学（神田一ツ橋から1927年移転）の意を受けて，住宅地開発を行った。当時の田園調布や成城学園前など，東京の郊外で行われたハワードの田園都市論に基づく一連の住宅地開発と軌を一にするもので，大泉学園や小平（こだいら）学園をさしおいて国立学園都市を建設することになった。

　その名の通り，国分寺と立川の中間の線路敷を盛り上げて高架にし，モダンな駅舎の国立駅をつくり，その南側にゲッチンゲンを模した都市計画を行った。24間（43m）幅の大学通りを中心に快適な都市基盤整備を目指したが，初期の開発は遅々としており，小学校（現　国立学園，1938年）も新設して，大学と箱根土地関係者の入居から始まっていった。

　それが，その後の相次ぐ学園立地（大学・高校9）によって良好な住宅地と評価され，高度経済成長期には学園町以外にも住宅団地が建設されたりして，急激に人口が増加し1967年に市制を施行した。

〔北村嘉行〕

（参考文献）
立川市史編纂委員会（1969）：『立川市史』，立川市．
多摩百年史研究会（1993）：『多摩百年のあゆみ－多摩東京移管百周年記念』，東京市町村自治調査会．
『くにたちの歴史』編さん専門委員会（1995）：『くにたちの歴史』，国立市．

丘陵地に出現した住宅都市

多摩ニュータウン

写真5　丘陵地に広がる住宅団地

1. 多摩ニュータウンの開発

　第二次世界大戦後の経済復興に伴い，東京では人口増加が著しくなった。増加した人口は，これまで土地条件や交通の便が悪かったために，住宅地化されていなかった地域に拡大していったが，1958年9月の狩野川台風は新興住宅地の社会基盤施設整備の遅れを露呈した。東京都では東京低地や山の手台地の谷底で48万戸が浸水被害を受け，さらに横浜市をはじめ，東京周辺部の都市を含む地域での浸水家屋数は膨大な数にのぼった。この被害以降，「都市水害」という言葉が使われるようになった。

　東京への人口集中を吸収するにあたって，健全な居住環境と快適で便利な住宅都市の建設が東京都で検討され始めた。政府においても，1963年7月に新住宅地開発法を公布し，同年11月に新住宅地開発法施行令，12月には新住宅地開発法施行規則を告示した。東京都ではこれらの法令を拠り所として，1963年11月に多摩地域の都市計画区域を決定し，翌年5月に「南多摩新都市建設に関する基本方針」を策定した。

　多摩ニュータウンは東西約14km，南北1～4kmの細長い形態をとり，都市計画決定された総面積は2,801haである。計画戸数と計画人口は，それぞれ10万4000戸と38万3000人である。計画地域は中学校を中心にして23の住区に分けられ，一つの住区は面積約100ha，戸数4,000～5,000，人口1万5000～1万8000で構成される。ニュータウンと都心とを結ぶ鉄道は，京王電鉄と小田急電鉄が在来線から分岐してニュータウンに至る新線を建設することになった。1967年から宅地造成工事に着手し，1970年から住宅の建設へと進み，1971年3月より入居が開始された。

2. 多摩ニュータウンの原地形

　多摩ニュータウンが建設された地域の原地形は，1912年（明治45）の地形図から読み取れる。北側を流れるのが大栗川，南側を流れるのが乞田川である。どちらの河道も低地面を刻み込み，波長の短いメアンダーを繰り返している。図13の東北部の低地は多摩川の氾濫原である。大栗川は多摩川の氾

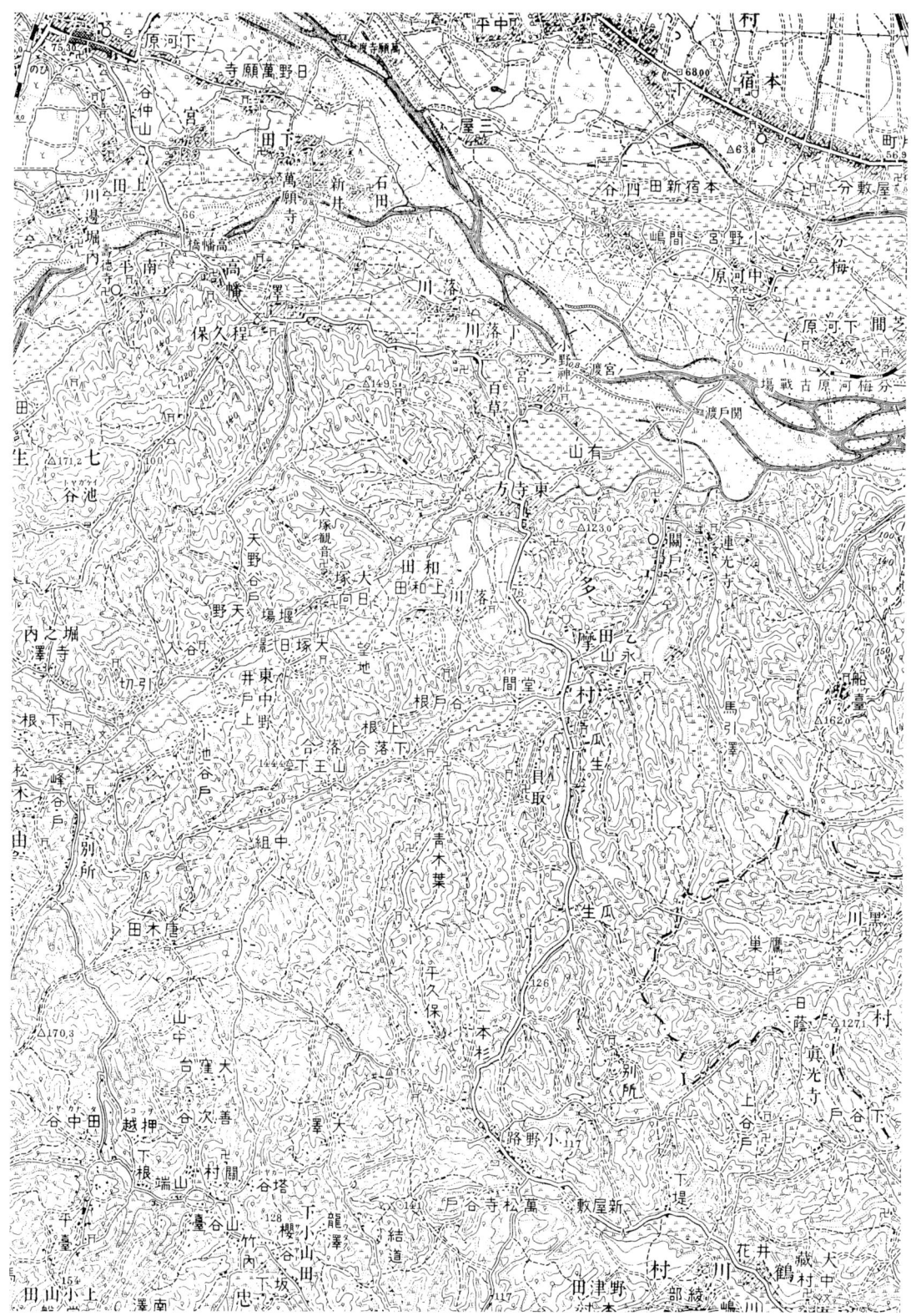

図13　1912年（明治45）の多摩丘陵（5万分の1地形図「八王子」明治45年修正，原寸）

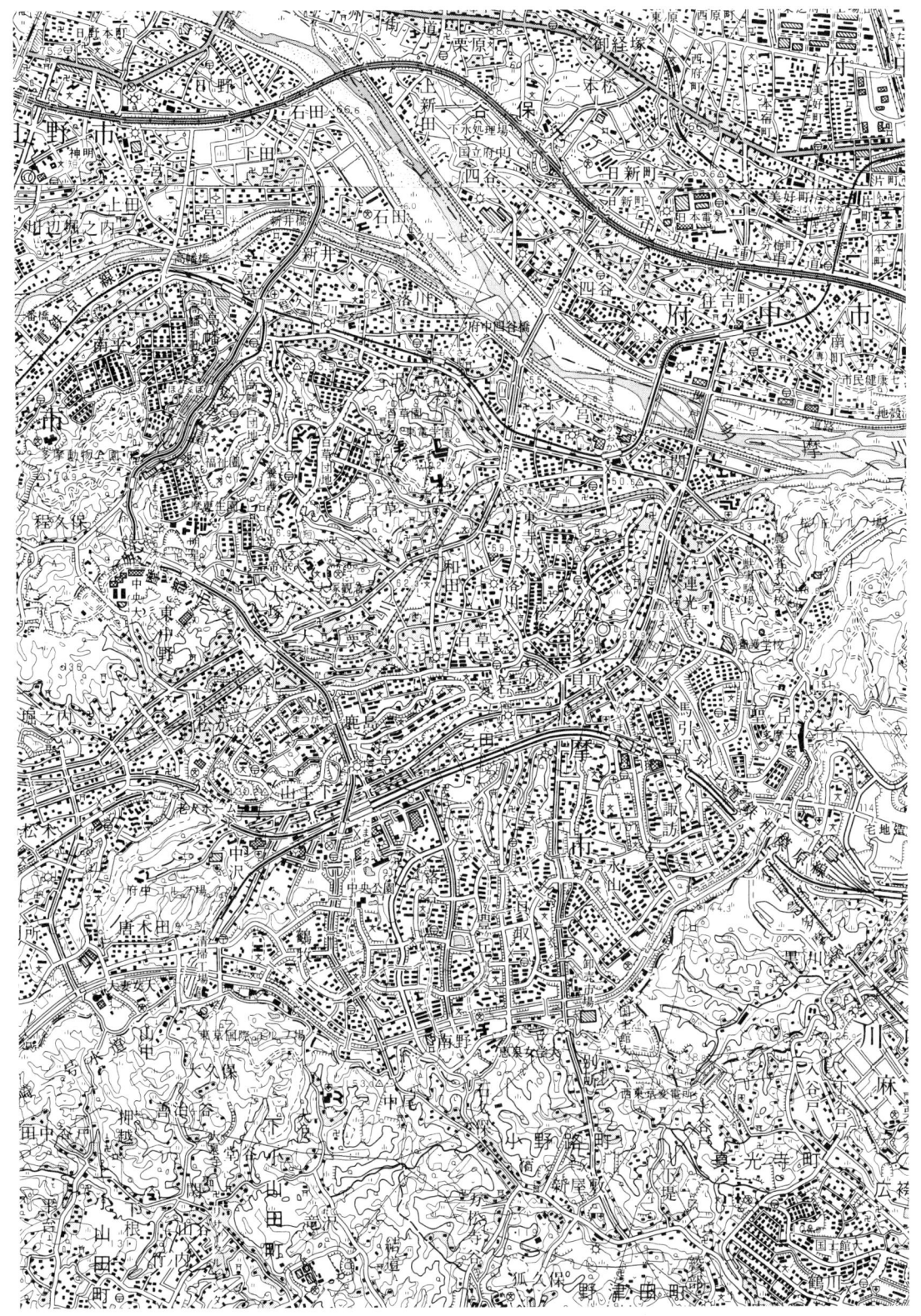

図14　現在の多摩市（5万分の1地形図「八王子」平成12年修正「青梅」平成9年修正，原寸）

濫原では丘陵地の縁沿いに流下し，図の東端部付近で乞田川と合流した後，多摩川に注いでいる。

これらの谷に開析されているのが多摩丘陵である。多摩丘陵は，八王子市の標高230m付近に頂点をもち，南東〜南方の横浜市の標高80m付近まで続いている。図13に見られるように，尾根は痩せてはいるが，尾根の頂上には平坦面（背面と呼ばれる）が残されている。背面は高さのちがいにより2段に分けられている。高い方を多摩Ⅰ面，低い方を多摩Ⅱ面と呼んでいる。図に示されている範囲には多摩Ⅰ面が分布する。

大栗川沿いの丘陵の頂部には風化の進んだ礫層が分布している。この礫層は厚さ10mほどの河床礫からなり，図の西方にある峠の名前をとって御殿峠礫層と呼ばれている。礫層はその上をおおっている多摩ローム層の噴出年代から約50万年前に形成され，丹沢山地に源流をもつ相模川が運んできたものとされている。すなわち，御殿峠礫層は大栗川に沿って，その高度を下げているので，当時の相模川は相模湾ではなく，多摩丘陵を横切って，東京湾側に流れ込んでいたと思われる。

大栗川が多摩川の氾濫原に出る直前の左岸側，東寺方から後原にかけては，緩斜面が見られる。一部はかなり平坦で，集落が立地している。この面は水田として利用されている谷底低地よりも一段高く，河岸段丘である。段丘面は上下の2段に分かれる。上位面は最終間氷期に形成されており，下末吉面に対比され，下位面は最終氷期に形成された武蔵野面に対比されている。

丘陵地や段丘面は厚い関東ローム層におおわれている。その厚さは丘陵地の背面では20m近くになるところもある。段丘上でも10mに近い。丘陵地を構成している堆積物は，前述した風化した礫層と，その下位に分布する砂泥質な堆積物である。したがって，丘陵地の起伏はかなり大きいが，工作機械を使用すれば改変は容易である。尾根は切られ，谷底低地は埋められ，地形は一変している。主要な道路沿いに見られる小さな崖が，かつての谷沿いであることを示しているに過ぎない。蛇行していた河川は直線的に改修され，河道は深く掘削されて，河積が大きくなっている。しかし，大栗川左岸の台地は改変が進まず，原地形を残しながら，スプロール的に市街地化が進行している。

3．住宅の譲渡価格と家賃

表2に入居開始当初から1987年度までの集合住宅の家賃と譲渡価格を示した。同じ形式でも，占有面積，中層か高層か，最寄り駅からの距離などにより価格が異なるので，家賃や譲渡価格を直接比較することはできないが，いくつかの傾向を読み取ることができる。入居開始当初から3年間の家賃は1DKが2万8000円，3DKが5万4100円であった。一方，同期間の譲渡価格は3DKもしくは3LDKが366万円，4LDKが461万円である。もちろん金融公庫の融資付きであるので，頭金は200万円台であったはずである。家賃・譲渡価格とも民間の住宅に比べると格安で，応募倍率も高かった。

1973年度と1974年度には賃貸・譲渡住宅とも新期には供給されなかったが，再開された1975年には価格が急騰している。賃貸住宅の家賃は2DKで6万3000円，4LDKでは最高10万2800円になった。譲渡価格は3DKが966万円，4LDKは最高1,584万円に上昇した。この3年間で家賃・譲渡価格とも3倍近く跳ね上がった。1972年7月に発足した第一次田中角栄内閣が打ち上げた日本列島改造論を契機とする土地価格の高騰の影響が如実に現れている。ちなみに，1973年4月に発表された建設省による年頭の全国平均土地価格は対前年比30.9％の上昇であった。

その後も家賃・譲渡価格とも高騰を続け，譲渡価格は1980年度には1975年度の価格のほぼ2倍を超

え，1987年度には3～4倍になった。しかし，住宅需要の増大と相まって，住宅公団や東京都住宅供給公社の供給物件は格安感がもたれていた。表3の譲渡宅地の平均譲渡価格を見ても，聖ヶ丘では1987年度の価格は1982年度の価格のほぼ倍になっている。にもかかわらず，応募倍率は上昇を続け，1982年度には18.1倍であったものが，1987年度には238.6倍に上昇した。土地神話に踊らされながら，バブル経済の真っ直中に進入していく。

バブル経済崩壊後，土地神話にかげりが見え，土地や住宅の価格は低下したが，公団住宅や東京都住宅供給公社の供給物件の価格は，それ以前の価格で設定されていたため，格安感はなくなった。自由な価格設定が可能な民間住宅に比べて割高感が高まり，売れ残りが目立つようになった。その結果，建物が完成しても販売されないで，そのまま放置される物件も見られるようになった。

東京都住宅供給公社では，1998年2月に八王子市内で売れ残っていた分譲マンションを，その譲渡価格をそれまでの約35％，平均2700万円引きに設定して売り出した。しかし，以前に購入した既居住者の反対にあい，モデルルームの公開ができなかった。このことも影響してか，先着順の申し込みにもかかわらず，購入希望者は販売予定戸数の半分程度であった。

住宅公団から改組された住宅都市整備公団（略称住都公団）でも，新期譲渡住宅の値下げに踏み切っている。多摩ニュータウン西端の南大沢で1998年4月に売り出された分譲マンションの価格は，平均22.3％，平均1,145万円引きにされた。ここも先着順に受け付けているが，見学者はまばらであった。

表2 集合住宅の家賃と譲渡価格（住宅公団）

年度	賃貸住宅 型式	家賃（万円）	譲渡住宅 型式	譲渡価格（万円）
1970	1DK～3DK	2.81～5.41	3DK	366～461
1971	1DK～3DK	2.81～5.41	3LDK～4LDK	366～461
1972	1DK～3DK	2.81～5.41	3LDK～4LDK	366～461
1975	2DK～4DK	6.30～10.28	3DK～4LDK	966～1,584
1976	2DK～4DK	6.50～10.35	3DK～3LDK	1,460～1,578
1977	2DK～3DK	6.50～8.18	3DK～3LDK	1,204～1,407
1978	2LDK～3DK	7.76～7.99	3LDK～4LDK	1,773～2,747
1979	3DK～4DK	8.46～11.27	3LDK～4LDK	1,780～3,110
1980	—	—	3LDK～4LDK	2,200～3,600
1981	2LDK～3DK	10.35～10.71	2LDK～5LDK	2,630～4,560
1982	2LDK～3DK	10.60～11.05	3LDK～4LDK	2,010～3,990
1983	2LDK～3DK	9.40～9.44	2LDK～4LDK	2,490～4,770
1984	1LDK～4LDK	6.30～11.30	3LDK～5LDK	2,190～4,290
1985	2LDK～3DK	12.50～13.11	3LDK～5LDK	2,210～4,830
1986	1LDK～4LDK	7.73～12.55	3LDK～5LDK	2,380～5,040
1987	1LDK～3DK	6.37～14.59	3LDK～5LDK	2,880～6,880

（住宅公団の資料より作成）

表3 住宅公団による譲渡宅地の価格

年度	地区	区画数	平均面積（㎡）	平均譲渡価格（万円）	応募倍率
1979	永山	206	217	1,856	154.7
1981	鶴牧	200	209	2,354	42.5
1982	鶴牧・南野	196	209	2,502	19.0
〃	聖ヶ丘	211	216	2,572	18.1
1983	聖ヶ丘	220	216	2,873	19.6
1984	聖ヶ丘	132	223	3,213	20.0
1986	聖ヶ丘	80	207	3,298	32.0
〃	永山・聖ヶ丘	16	209	3,587	54.7
〃	豊ヶ丘	39	210	3,840	44.4
1987	向陽台	35	220	4,147	354.9
〃	聖ヶ丘	8	228	4,864	238.6
〃	豊ヶ丘	3	248	5,351	107.0
〃	貝取	14	238	5,127	71.9

（住宅公団の資料より作成）

写真6 人出でにぎわう多摩センター

4. 多摩市の人口の推移

多摩ニュータウンの中心に位置する多摩市の人口ピラミッドには，この地域の特徴が反映されている。国勢調査の結果によると，多摩市の人口は1970年には3万370人に過ぎなかったが，ニュータウンへの居住が開始されると，1975年には6万5466人に倍増する。1980年には9万5248人，1985年には12万2135人と，5年間でほぼ3万人ずつ増加した。1990年には14万4489人となり，約2万2000人増にとどまるが，それでも増加は続いている。しかし，1995年には14万8113人と1990年に比べ，約3,600人増加したに過ぎない。このような傾向は，市の急激な成長期から安定期への推移ともみえるが，前述した公的住宅の家賃や譲渡価格の影響や，バブル経済の影響も反映していよう。公的住宅に割安感があり供給量も多かった時代には転入者が多かったが，価格の上昇が新期転入者を阻んでいることを反映している。

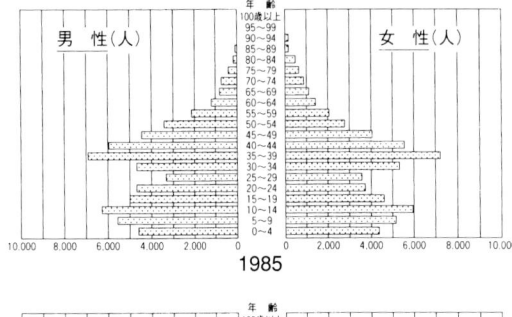

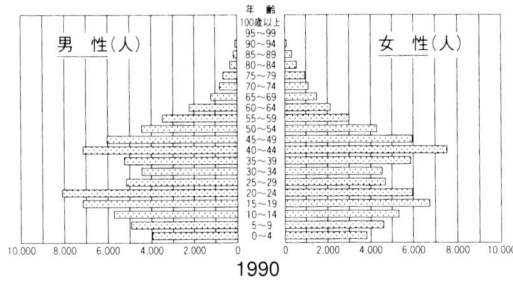

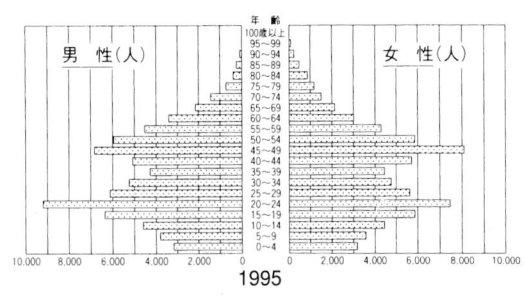

図15 多摩市の人口ピラミッド

図15に1985年，1990年，1995年の人口ピラミッドを示した。1985年には団塊の世代を形成する35～44歳にピークがみられ，その子供たちが5～14歳のピークを形成している。転入者による社会増がそのまま反映されている。その結果，地元居住者が多くを占める25～29歳が極小になっている。1990年には年齢構成が5歳ずつ繰り上がっていく。全体に増加傾向を示すが，0～14歳は減少している。一方，15～24歳が大幅に増加し，団塊の世代よりも数が多くなる。これは，18歳から23歳程度までの大学生が多量に転入しているためである。1995年になると，少子化の波が15～19歳に達するので，大学生が占める20～24歳のピークの突出が目立ってくる。少子化の傾向はさらに進むし，中年の転入者の減少を反映して，0～14歳は1990年と1995年を比較すると，約5,700人減少している。

団魂の世代を中心に年齢構成は次第に上昇していく。20～24歳のピークは卒業すると転出し，新たな転入者に補給される。0～14歳はさらに減少していく。多摩ニュータウンは中高層の集合住宅が多数を占めるという特徴がある。2010年にはピークを占めている45～49歳の層が60～64歳になる。中高層住宅地での高齢化社会が近づいている。

〔松田磐余〕

(参考文献)
多摩市役所(1997):『多摩市市制要覧』，多摩市役所.

忘れられたTokyoの島々

鳥島・南鳥島

写真7　上空から見た南鳥島

　東京都は，面積では香川県，大阪府に次いで全国3番目に小さいが，その海域は伊豆諸島から小笠原諸島，沖ノ鳥島などに及び，きわめて広大で数多くの島々を管轄している。その中には無人島の鳥島や，気象庁，海上保安庁，海上自衛隊の関係者だけが駐在している南鳥島があり，いずれも忘れられた島といえる。しかし，かつてこれらの島々では，多くの出稼ぎの人々が産業に従事し，ドラマが展開されてきた。

1. アホウドリ受難の島──鳥島

　伊豆諸島最南端の鳥島は，近世には幕府の管轄権の及ばない無人島であり，時折，ジョン万次郎のような難破船の漂流者が奇跡的に生還するなどして，わずかに知られる南海の島に過ぎなかった。明治に入ると，政府は国土の管轄権の範囲を明確化する必要に迫られ，小笠原諸島は1876年（明治9）に内務省の主管に，琉球は1879年（明治12）沖縄県となり（琉球処分），日本に帰属した。

　領土確定後，南洋進出の始動といえる一攫千金をもくろむ人々が，アホウドリ，海亀，サンゴなどを求めて周辺の島々へ進出し始め，フロンティアが形成されていった。これらの人々の中に，のちの南北大東島を開拓した八丈島の玉置半右衛門がいた。

　「開拓」というアホウドリ撲殺事業　小笠原諸島の開拓に従事した玉置半右衛門は，1887年（明治20）11月，東京府知事高崎五六や横尾東作，鈴木経勲らの火山列島（硫黄島）への調査船明治丸に乗り込んだ。途中，鳥島で下船，島へ上陸し，すぐに島内を探査するが「……到ル處白雁構巣列居シテ，其況状モ千里ノ原野ニ綿ヲ敷キ萬里ノ砂漠ニ雪ノ積レルガ如ク……」（「鳥島在留日記」）と無数といえるアホウドリの群棲の様子を記している。すぐにアホウドリを撲殺し，翼を切断，卵を箱詰めにしており，商品化を考えた行動をとっている。

　鳥島から帰京後，1888年1月には「鳥島拝借御願書」を東京府へ提出し，2カ月後，「来ル明治三十年十二月迄無地料ニテ貸渡候事」と破格の条件で許可されている。開拓という名のもとに本格的なアホウドリ撲殺事業が開始されたのである。同年4月から7月まで島に滞在した服部　徹は，「近く眺む

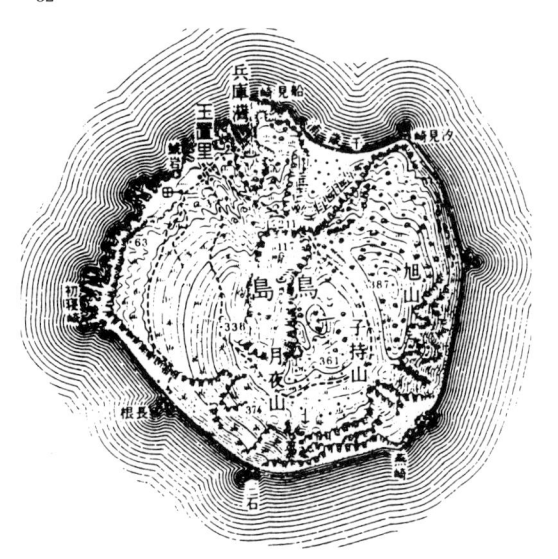

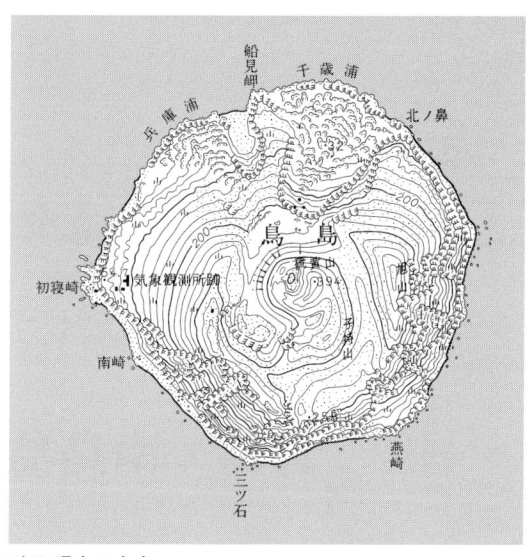

図16　1935年（昭和10）と現在の鳥島
（左図：5万分の1地形図「鳥島」昭和10年修正，右図：「八丈所属諸島」昭和56年編集，原寸）

図17　鳥島の位置

れば一大養鶩場に到るが如し」と述べ，「……此鳥の羽毛を把り装飾或は綿に代へ（海外輸出の見込あり）其油採りて食用工芸に供し，其肉は多くシメ粕様のものに製し肥料となすの考え……」（「動物学雑誌，I（12）」）と報告している。

　なお，わが国の羽毛生産は明治10年代後半から本格的に始まり，20年代には輸出量が30万斤，さらに1898年（明治31）には54万斤と急激に増加した（図18）。同年の鳥島の羽毛生産は10万斤と推定され，埋め尽くすほどアホウドリが生息した鳥島では，撲殺によって簡単に採捕でき，1人1日100～300羽は容易であり，玉置らの上陸後の半年間に10万羽が殺された。撲殺に従事する出稼労働者も，1888年の56名から，3年後の1891年には90余名に，1897年には125名と増加した。年間のアホウドリ撲殺数は30万羽に達し，1902年（明治35）の鳥島大爆発までの15年間に500万羽が殺されたといわれる。アホウドリ2～3羽で1斤の羽毛が採れ，200～300羽で100斤として，その価格はアホウドリの腹毛では100斤につき30～40円，皮膚の綿毛は100斤につき80～90円で取り引きされた。仮に羽毛100斤でその代金が40円とすれば，羽毛10万斤の生産ならば4万円となる。当時の米1俵が4円であることを考えれば，玉置の利益は莫大なものとなったはずである。

　1897年（明治30）9月，玉置半右衛門は10年間の借地期限が切れる12月を待たずして借地継続願いを小笠原島庁へ提出したが，当初，小笠原島庁，東京府とも継続には慎重で否定的であった。とくに小笠原島庁は，開拓とは名ばかりのアホウドリ撲殺事業を続けている玉置を強く非難し，事業を継続すれば，減少しているアホウドリは数年後には絶滅するだろうと警告した。だがその後，東京府は玉置に「事業設計書」などを提出させ，許可の方向へと進み，捕獲制限など厳しい条件をつけたものの，結局1898年（明治31）9月に玉置に借地継続が許

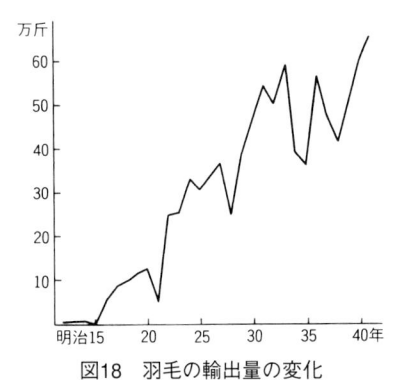

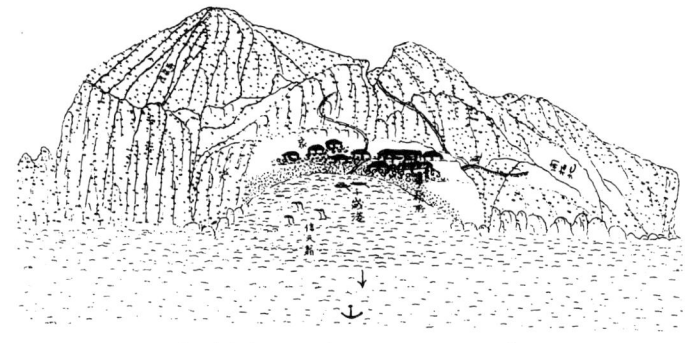

図18 羽毛の輸出量の変化　　図19　1898年(明治31)鳥島の北の海上からのスケッチ(『鳥島一括書類』所収)

可されたのである。

鳥島大爆発とその後　1902年（明治35）8月，小笠原を出航して横浜に向かっていた日本郵船の「兵庫丸」は，鳥島の噴煙を認め，島に近づき汽笛を鳴らして住民を呼んだものの「……人影および家屋を見ず，只海底火山の噴出と山頂の黒煙を見るのみ，殊に鳥島千歳浦の如きは海岸土砂崩壊，湾形全く変じ，その惨状言語に尽し難く，実に惨状を極む」と打電した。

典型的な二重式火山であった鳥島の中央火口丘が完全に吹き飛ばされ，一瞬にして玉置村は噴石におおわれ，出稼労働者125名は全員死亡したのである。死亡者125名のうち男子73名，女子52名であり，その出身地は八丈島85名，八丈小島8名，小笠原諸島13名，大島10名，静岡県5名などであった。政府は直ちに横浜に帰港した兵庫丸を借り上げ，南鳥島へ向かう予定の軍艦「高千穂」とともに鳥島へ派遣した。兵庫丸には内務省や警視庁の官吏，新聞記者，震災予防調査会の田中館愛橘，大森房吉，軍艦高千穂には志賀重昂や神保小虎らが乗船，鳥島へ上陸し，調査を行った。この調査は震災予防調査会報告や地学雑誌などに掲載され，また，新聞も「南海の孤島　鳥島大爆発の惨状」など，こぞって悲劇の島，鳥島の大爆発を取り上げた。玉置は新聞紙上に義援金の広告を掲載し，皇室から多額の弔慰金が送られたこともあり，莫大な金額が集まった。玉置の事業は，この大爆発によって打撃を受けることはなかったのである。

多くの罹災者の故郷である八丈島の御神山の麓には，東京府知事の千家尊福によって「鳥島罹災者招魂碑」が建立されたが，その碑文に刻まれた漢詩の最後には「……魂ヤ帰ランカ　鳥島之地検且悪　火炎々托ス可カラズ　爾ガ宅スル攸ニ匪ズ」と詠まれている。だが，玉置半右衛門は大爆発の3カ月後，鳥島の植林と牧草の播種を名目に出航し，少なくなったアホウドリの撲殺事業を再開した。

1906年（明治39），絶滅の恐れがあるとして国によってアホウドリが保護鳥に指定され，およそ20年間続いたアホウドリ撲殺事業は終焉を告げることとなった。鳥島は大正年間に無人島にもどったが，昭和に入って東京府が鳥島開発計画を作成し，1928年（昭和3）には八丈島の奥山秀作がウミツバメの羽毛やサンゴ採取のため家族とともに移住した。その後，移住者も増加し奥山村が形成されたが，1939年（昭和14），再度，鳥島が噴火し住民全員が八丈島に引き揚げ，再び無人島となった。

戦後，気象観測所が1947年に設置されたが，これまた火山活動の活発化によって1965年に閉鎖され，無人島化した。鳥島は無人島と有人島を繰り返しながら，結局もとの無人島に帰ったのである。絶滅したと思われていたアホウドリは生息が確認され，1962年には特別天然記念物に指定され，その後の保護努力によって現在は1,000羽を超えるまで増えている。

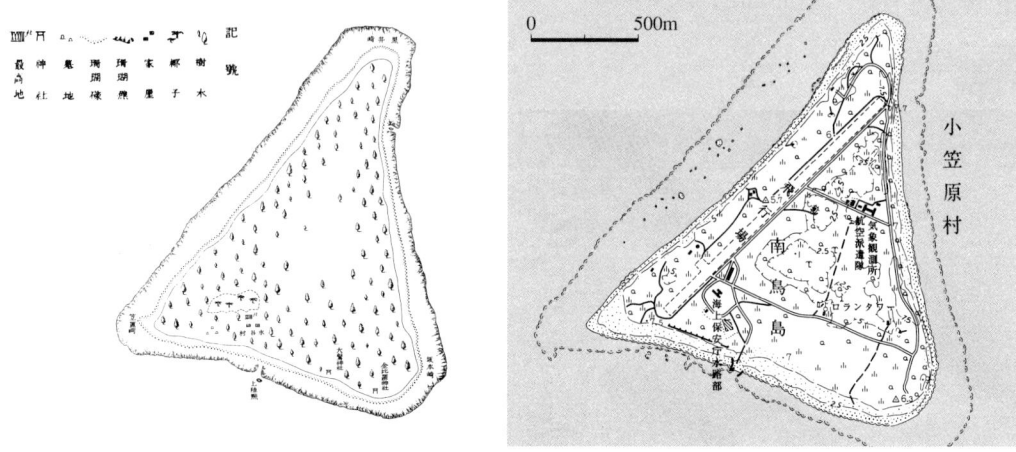

図20　1902年（明治35）秋元中尉測量の地図（×0.4）と現在の南鳥島の地形図
(左図：地学雑誌第14輯65巻付図，明治35年．右図：2万5000分の1地形図「南鳥島」平成6年発行，×0.73)

2．日本最東端の島——南鳥島

　小笠原諸島，父島の東南東約1,200kmの太平洋上に浮かぶ南鳥島は，隆起サンゴ礁からなる三角形の平坦な小さな島である．行政上は東京都小笠原村に属し，日本最東端の島である．現在は気象庁や海上保安庁，海上自衛隊の駐在者のみで定住者はなく，無人島ともいえるが，かつて鳥島同様，わずかな資源を求めて一攫千金をもくろむ人々が進出した．

　日本領有と借地までの経緯　南鳥島は大航海時代の1543年，スペイン東洋艦隊の小笠原近海への探検航海によって視認されたといわれる．その後，太平洋捕鯨が盛んになると南鳥島は認識された島となり，1860年にアメリカ人宣教師によってマーカス（Marcus）島と命名されている．1874年アメリカ船，1880年フランス船がこの島を視認し，さらに1889年にはアメリカ商船の船長，ローズヒルが上陸している．日本人では1879年（明治12）静岡県の斉藤清左衛門が南鳥島を視認し，1883年には横浜コンシロー商会のイギリス船の乗組員の信崎常太郎，1896年には東京の水谷新六が上陸している．

　このように認識された島でありながら，サンゴ礁に囲まれた小島のためか，長い間領有への行動はみられなかったが，明治20年代に入り，まず1889年（明治22）ローズヒルがアメリカ国務省に島の発見と領有を要請した．続いて1896年12月に南鳥島を発見したとする水谷新六は，帰航後，官庁への報告前に小笠原，母島より労働者20名を移住させている．翌1897年（明治30）になって水谷は，同島を日本領土に編入すべきと内務大臣に宛てて上申するとともに，東京府には「島嶼発見御届」を提出し，その文書の追伸には海鳥の捕獲と漁業の営業許可を求めたのであった．

　内務省は1898年3月，マーカス島を水谷島と命名しようとしたが，その後，東京府知事の具申によって水谷島を南鳥島と改称した．当時の文書には，改称理由を鳥島南方の位置という理由しか記載されていないが，南鳥島の事業が鳥島同様アホウドリの捕獲であったため，東京府がとった処置と思われる．同年7月，南鳥島は内務大臣板垣退助の訓令によって日本領土となった．

　借地については，1898年4月に斉藤清左衛門，山内弥三郎，鈴木久一郎が「南洋マルカス島開拓之義ニ付請願」を東京府に提出し，8月にはアホウドリの撲殺事業を行っていた水谷新六も「南鳥島全島拝借願」を提出したが，東京府は水谷の南鳥島の日本領有への上申書や借地願いの先願をもって，

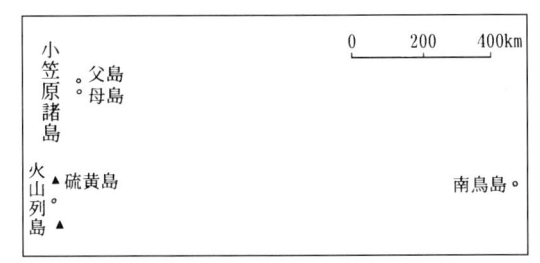

図21 南鳥島の位置

写真8 日本人墓碑

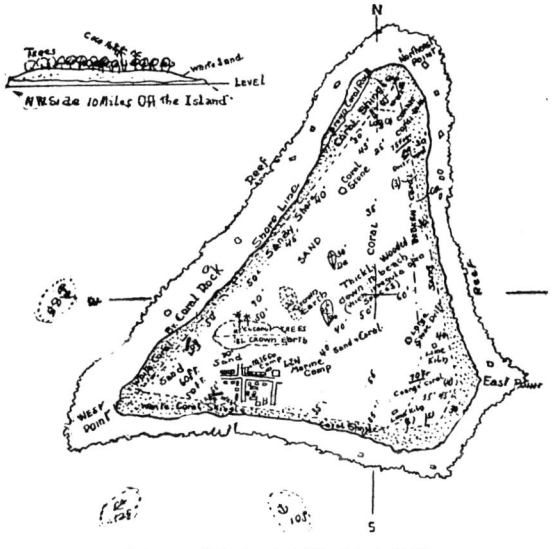

図22 ブライアンが作成した地図
(「ハワイ・アドヴァタイザー新聞」1902年9月12日付)

水谷への借地を内務大臣に稟申していた。9月19日，南鳥島は内務省令で水谷に貸し与えられたのである。また，同日に玉置半右衛門への鳥島の10年間の延長借地を内務省令で認めていた。両者の契約書は，ほぼ同様の内容であった。鳥島のアホウドリ撲殺事業は，すでに南鳥島でも行われていたが，これによってお墨付きが与えられ，鳥島から南鳥島へと拡大したのであった。

南鳥島事件と島の経営　1902年(明治35)になってアメリカ国務省から南鳥島の経営を許可されたローズヒルは，鳥糞(グアノ)会社を組織し，グアノ採取のため7月11日，南鳥島に向けてハワイを出航した。すでに南鳥島を領土に編入していた日本政府は，国際紛争への発展を懸念しつつ，急遽，軍艦「笠置」を派遣した。海軍の高速船であった笠置は，ローズヒルの帆船「ワーレン号」より早く7月27日に到着したものの，燃料不足のため長く外洋に停泊できず，秋元中尉他16名の兵士を南鳥島に上陸させたのち，7月29日に帰航した。

一足ちがいの翌30日の朝，ローズヒルのワーレン号が南鳥島に到着した。船長のローズヒルと，ブライアンとセドウィックの2人の学者の計3名が上陸した。秋元中尉は日本政府からの占有の経緯の書簡や，紛争を回避し，外交交渉に委ねるようにという駐日アメリカ公使の書簡を渡し退島を求めたが，交渉の結果，乗組員の休養のため1回につき6名の滞島を認めた。

図22は上陸し，1週間滞在したハワイ ビショップミュージアムのブライアンが作成したフィールドノートの地図である。8月7日，グアノ採取という目的を果たさずローズヒル一行は，ハワイに向けて帰航した。その後，ローズヒルは南鳥島の占有権を主張するとともに，日本政府に400万ドルの賠償金を要求するようにアメリカ政府に求めたが，アメリカ政府はこれを黙殺した。発見は占有と異なり，国際法上では効力をもち得なかったのである。

事件後，南鳥島の残留兵士収容のため，1カ月後に軍艦「高千穂」が派遣されることになっていたが，突如，鳥島の大爆発が起こり，高千穂は8月22日横須賀を出航，鳥島に寄航し，調査後に南鳥島へ向かった。南鳥島に到着後，すぐに兵士を収容して横須賀に帰航した。

この南鳥島事件は，国民の領土問題への関心を呼び起こすことになり，志賀重昂は南進論を掲げ，太平洋上の小さな島の地政学的な重要性を説いた。また，海軍への報告書や新聞などによって南鳥島の実情が広く伝わった。南鳥島での出稼労働者の生活は，南海の楽園的なイメージとは裏腹に劣悪であり，生活物資の補給の困難さに加えて強風や高潮が集落を襲うこともたびたびであった。この南鳥島事件で派遣された海軍の秋元中尉は，島には医者も滞在せず，脚気などですでに6名が死亡し，剥製作業で捨てられた鳥肉は腐敗し，悪臭を放ち，集落にも近づけないほどであるとし，すぐにこれらを焼き払ったと報告した。さらに，同年の秋には高潮によって飲料水が汚染され，赤痢が発生し十数名が死亡，悲惨な状況を呈した。およそ30名ほどいた出稼労働者は，1903年（明治36）には14名に減少している。現在，島には無縁仏の墓がある（写真8）。

　水谷新六が始めた南鳥島のアホウドリ撲殺事業は，1897年の捕鳥数が5万羽で，翌98年に7万羽，99年には15万羽と増加したが，乱獲によって1900年（明治33）には4万羽に急減し，同年，水谷は横浜の貿易商である上滝七五郎に鳥の採取権（2ヵ年で15万羽）を売ったのである。上滝は羽毛より鳥類の剥製を事業の中心にした。

　その後，島の経営は南鳥島合資会社へ移り，事業は鳥糞とグアノの採取が中心となった。島の中央から港にかけてトロッコがひかれ，日本最初の燐鉱採掘の島となった。1922年（大正11）には経営が全国肥料株式会社へ移り，かなりの燐鉱石を産出し出稼労働者もおよそ50名いたが，燐鉱石価格の急落や肥料業界の不況によって，昭和初めには出稼労働者も30名ほどに減少した。その後，会社や労働者が引き揚げ，南鳥島の住民は漁業に従事する数世帯のみとなった。

島の要塞化とその後　1935年（昭和10）に5人の住民が退島し，海軍水路部が進出，気象観測所を設置した。翌1936年には海軍施設部がL字型の滑走路の軍用飛行場や兵舎，通信施設などを建設し，航空基地となった。島の要塞化は第二次世界大戦の勃発とともに一層進み，海軍航空隊のほか陸軍守備隊も上陸し，最前線の基地に変貌した。しかし，1943年から始まったアメリカ軍の空襲と艦砲射撃によって，軍施設は壊滅状態となり補給路も断たれたが，アメリカ軍の上陸がなかったため，玉砕はまぬがれ，1945年に終戦を迎え9月には残留日本兵2,557名は帰還した。南鳥島はアメリカ軍政下に置かれ，再びマーカス島と名前を変えた。だが，1947年台風と高潮で施設に大きな被害を受け，アメリカ軍は引き揚げ，マーカス島は無人島に帰った。

　1951年，アメリカ軍の委託で日本人による気象観測が再開されたが，1963年にはアメリカ運輸省湾岸警備隊のロランC局が設置されたため，日本人職員は再び引き揚げた。1968年（昭和43）には小笠原諸島とともに日本に返還され，マーカス島は再度，南鳥島に名称を変え日本領土となった。気象観測所が再開され，同時に海上自衛隊南鳥島派遣隊が設置された。1993年にはアメリカ沿岸警備隊も引き揚げ，その業務は海上保安庁に引き継がれ，現在，南鳥島には気象庁や海上保安庁の職員，海上自衛隊の隊員の合計15名が，短期交代で生活している。

〔平岡昭利〕

〔参考文献〕
平岡昭利（1998）：鳥島開拓と借地継続の経緯について——八丈島と大東島を結ぶ島の一考察（関西大学文学部地理学教室編：『地理学の諸相』，大明堂）．
気象庁（1963）：『南鳥島・鳥島の気象累年報および調査報告』．
手塚　豊（1963）：南鳥島占有前後の一考察．法学研究，36巻1号．

埋立地の歴史と
港北ニュータウン

横浜市

写真9　横浜ベイブリッジと市街地中心部

1. 横浜港の開港

　ペリーが1854年（嘉永7）に前年に続いて来航し，日米和親条約が締結され，下田と箱館が開港された。その4年後には，日米修好通商条約がアメリカ駐日総領事との間に結ばれ，横浜港の開港が約束された。続いてオランダ・ロシア・イギリス・フランスとも同様な条約が結ばれた。列国は港の候補地として東海道の宿場町として栄えていた神奈川宿を要求していたが，幕府は生麦事件などの外国人をめぐる紛争を考慮し，治安上の理由を掲げて，横浜に港や諸施設を建設することを決めた。街道筋から離れ，地形的にも良好とはいえないところに横浜港が開港されたのは，1859年7月1日である。横浜市では現在この日を開港記念日とし，各種の行事を行っている。

　横浜の地形は台地と低地に大別できる。台地はほとんどが下末吉面で，台地の頂面高度はほぼ40～50mで，東に緩く傾いている。また，台地と低地を境する斜面の直下には，波食台が離水したと思われる低位台地がある。低位台地の標高は数m以下で，台地を縁取るように分布する。低地は沖積低地と海岸低地からなる。沖積低地では大岡川と帷子川の谷底低地が広く，最下流部はどちらの低地も干拓により陸化されている。海岸低地は砂州と埋立地からなる。砂州は台地直下に分布したり，大岡川など台地を刻んでいる谷を閉塞するように分布している。埋立地は砂州や干拓地の前線から沖へと広げられてきた。

　横浜港の開港地となった横浜村は，大岡川低地を塞いでいる砂州の上に立地していた寒村であった。砂州の内側には入江が奥まで入り込んでいたが，17世紀の後半以降に干拓が行われ，吉田新田，太田屋新田などの新田が開発されてきた。幕府は東京湾に面する砂州の中央部に港を建設し，地盤の良好な砂州上に市街地を立地させた。同時に掘割川（現 中村川）を開削し，海と3本の水路で囲ってこの地域を外部から隔離し，外国人居留地をその中に設置した。

　内務省地理局測量課により1881年（明治14）に完成された横浜実測図（図25）から，その様子が読み取れる。3本の水路と海で囲まれたかつての砂州の地域には，開港に伴い街路が整備され，西部に外

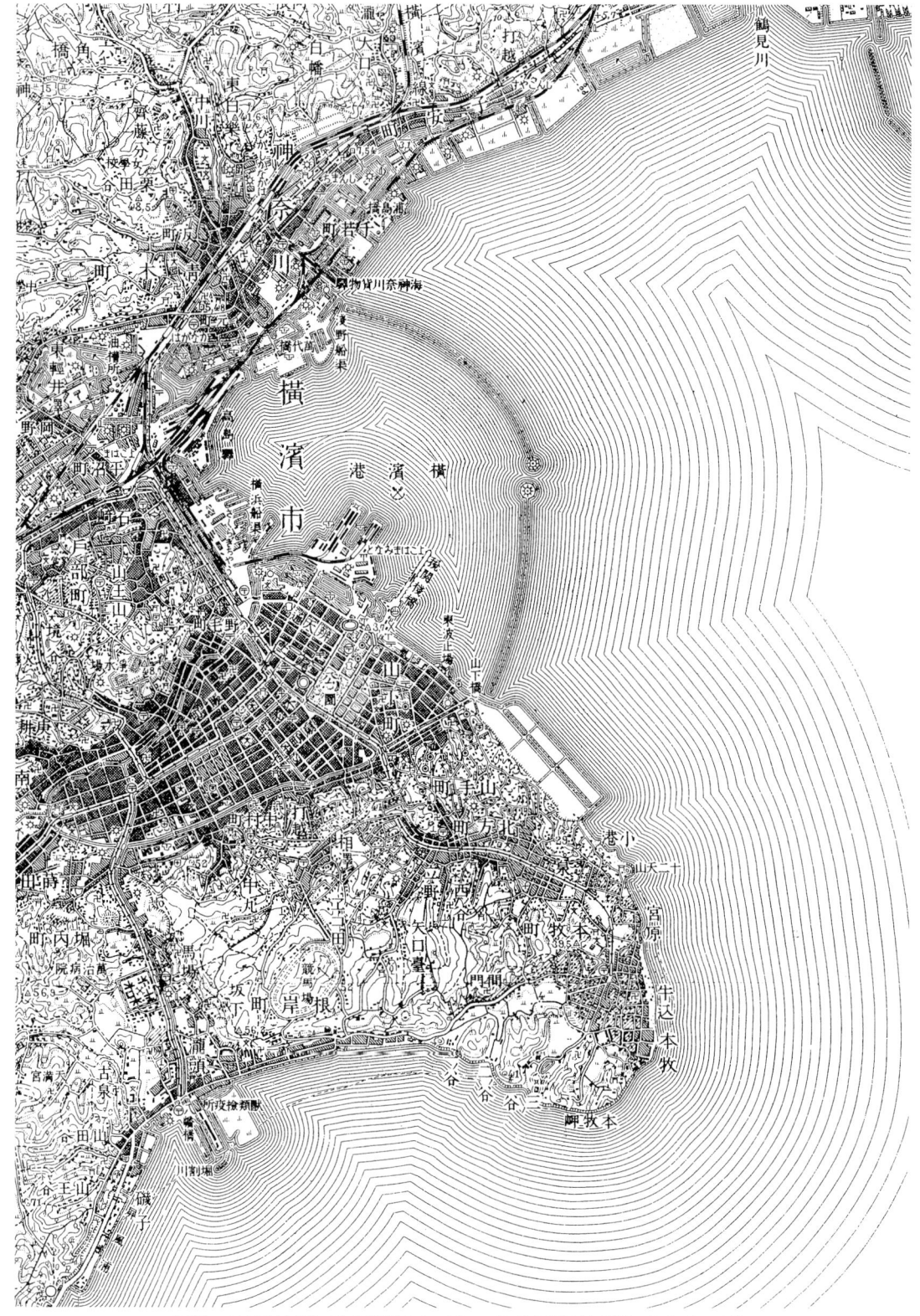

図23　1912年(明治45)の横浜市(5万分の1地形図「横浜」明治45年修正，原寸)

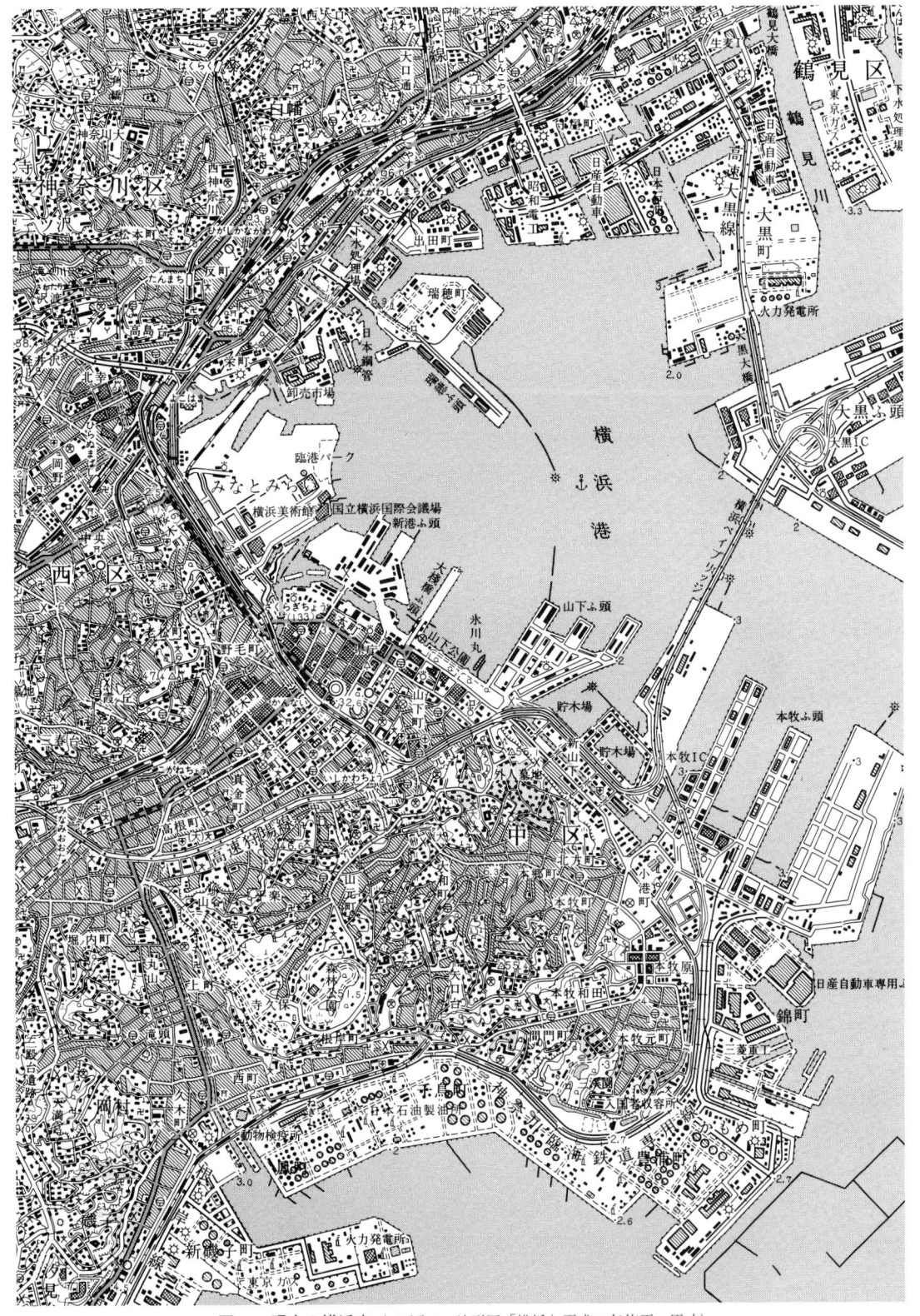

図24　現在の横浜市（5万分の1地形図「横浜」平成12年修正，原寸）

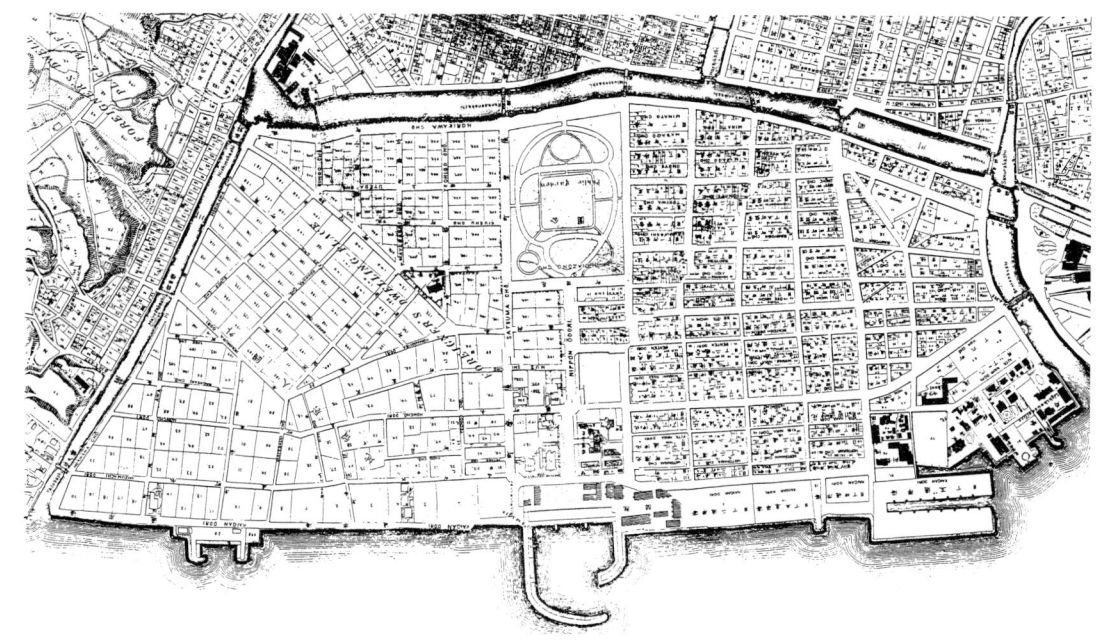

図25 横浜実測図(内務省地理測量課，1881年(明治14)の部分，×0.36)

国人居留地，中央部に主要業務地，北西部に日本人町が建設された。外国人居留地南東端の街路がほぼ東西・南北に通り，他の街路と斜交している地区が現在の中華街である。水路には，吉田橋(大岡川)，西橋，前田橋，谷戸橋(以上中村川)の四つの橋が架けられ，橋のたもとには関門が設けられた。関内という地名は，関門より内側という意味である。

2. 横浜港の発展

1872年(明治5)には新橋～横浜間に汽車が開通する。当時の横浜駅は1906年(明治39)の地形図から読み取れるように，現在の桜木町である。この鉄道は武蔵野台地や下末吉台地が海に迫っていたために，埋立地を造成して敷設された部分がかなりある。平沼の入り口も盛土されて鉄道敷きとされている。1887年(明治20)に東海道線が横浜～国府津間に開通し，さらに1889年に神戸まで全通した後も横浜駅の位置は変わっていない。横浜駅が現在の位置に開設されたのは，東京駅が開業し電車運転が開始された1914年(大正3)である。開設当時は高島町駅と呼ばれていたが，翌15年8月に高島町駅が横浜駅となり，かつての横浜駅は桜木町駅と改称された。

鉄道の開通に伴い，横浜港の重要性は増大していったが，港湾施設の改修は莫大な費用がかかることなどのためにしばらく手つかずのままで経過し，第1期修築工事が始まるのは，1889年(明治22)に至ってからである。イギリス人将校のH.S.パーマーの指導により行われた横浜港改修は，弧状の北水堤と南水堤の二つの防波堤で囲み，さらに北水堤の付け根から帷子川の河口まで導水堤を設けて，帷子川の水を港外に導いた。港内には鉄桟橋(現在の大桟橋の前身)が建設され，荷役の便がはかられた。第1期修築工事は7年後の1896年(明治29)に終了した。

第1期修築工事の完了後も外国貿易はさらに活発になり，さらなる修築がすぐに必要になった。1899年には第2期修築工事が着手された。この工事では，鉄桟橋の西に埋め立てによって新しいふ頭

（現在の新港ふ頭）が造成され，荷揚げ施設，倉庫（赤レンガ造り），クレーンなどが整備され，近代的な本格的港湾の幕開けとなった。1906年（明治39）の地形図（図23）からは，開港以来急速に変化してきた横浜の様子が読み取れる。横浜港は主要な交通路である東海道から離れた位置に，港湾には適さない地形条件を克服して形成された。

横浜港での貿易は初期には文明開化の遅れを象徴して，いわゆる居留地貿易の域を出なかったが，日本人経営者の組織も次第に堅固になり，力をつけていった。その結果，外商を通さない直貿易が占める割合が次第に高くなった。横浜港は国際貿易港として発展を続け，鉄道や港湾施設の整備はその発展に拍車をかけた。横浜市も国際都市として順調に成長し，1889年（明治22）には市制が施行された。

横浜港の明治前期の主要な輸入品は，綿織物や毛織物，絹糸が大きな割合を占めていたが，大阪を中心にして紡績業が急速に発達したため，これらの輸入品が神戸港で荷揚げされるようになり，次第に減少した。一方では鉄鋼の輸入量が増大し，重工業化への兆しがうかがえる。輸出品では，生糸，絹織物が中心であった。輸出総額に占める割合は70％を超えている。

3. 横浜の発展と埋め立て

横浜港と京浜工業地帯の成長の歴史は，埋め立ての歴史といっても過言ではない。図23の1906年（明治39）と図24の2000年（平成12）の地形図を比べると，海岸線が完全に人工化されていることが一目瞭然である。そのうえ，沖合いには大黒ふ頭が造成されている。もちろん，内海と記されていた平沼も姿を消して，横浜駅西口の繁華街と化している。

横浜市港湾局臨海開発部編（1992）の巻末の埋立地一覧表を参照し，第二次世界大戦後の埋立地主要部の竣工年代の概要を順に追うと，以下のようになる。瑞穂ふ頭の拡大（瑞穂町）は1957年と1975年の2回，山下ふ頭が1958〜63年，火力発電所が立地する大黒町の拡大が1959〜61年，根岸湾一帯が1960〜63年，本牧ふ頭が1968〜70年，大黒ふ頭が1975〜80年，みなとみらい地区は1987〜88年である。

なお，震災復興期から第二次世界大戦までにもいくつかの埋立地が造成されているが，その中で忘れてならないのが，山下公園である。震災の瓦礫に山手隧道の掘削土などが加えられて造成された。1930年（昭和5）に開園し，1935年の復興記念横浜大博覧会の会場となった。

4. 鶴見川流域の開発と港北ニュータウン

鶴見川は東京都町田市の多摩丘陵内に源流をもつ。上流部は南東流して神奈川県横浜市に入り，緑区と都筑区境界の中間地点で最大の支川である恩田川と合流する。この合流点付近から，川幅を広くしながら東流して，多摩川低地に入る。流路延長は42.5km，流域面積は235km²である。地形図（図26，27）の示す範囲は，中流域に位置する。標高約60m以上で，起伏のある地域が丘陵地で，標高40〜50mの平坦面が下末吉台地である。低地は恩田川との合流点付近からは非常に平坦になり，水害の常習地として知られている。標高は2〜5m，勾配は1,000分の0.5〜1.0で，ことに第三京浜国道より下流部ではほとんど平坦になる。

鶴見川流域は都心部から，20〜30km離れており，1960年代に入ってから人口が急増している。1960年の人口は50万であったが，1965年には70万，1970年には100万，1975年には117万に達し，その後は

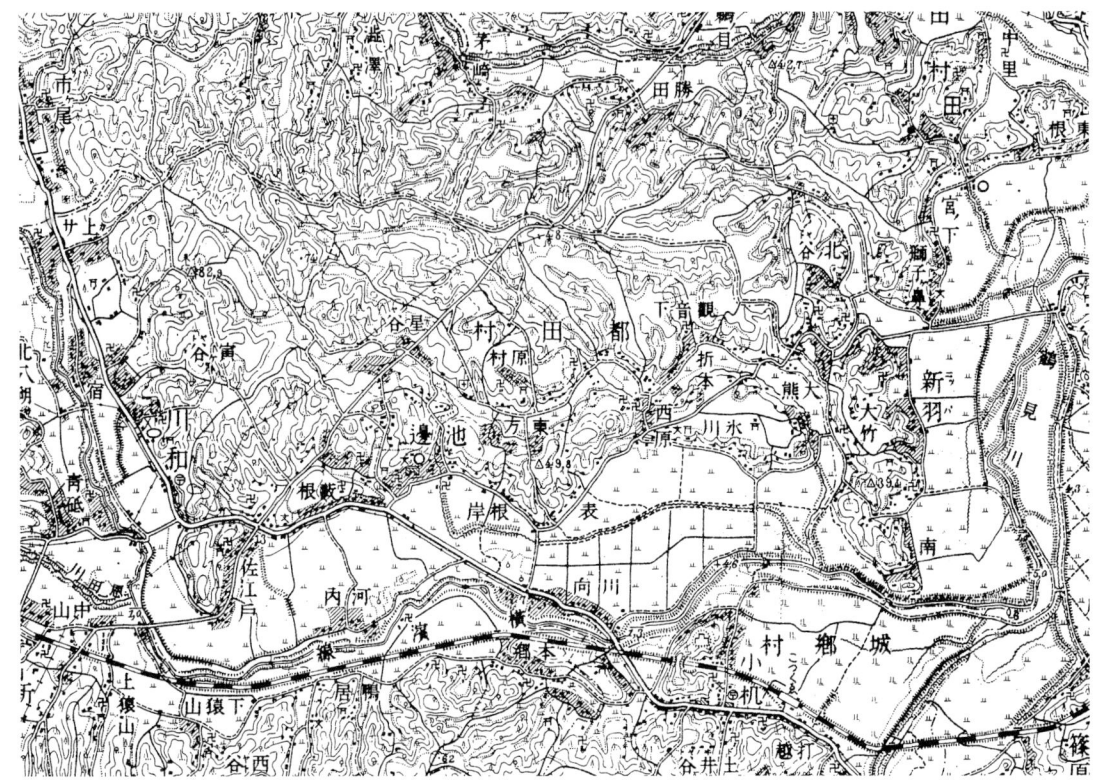

図26　1917年（大正6）の鶴見川流域(5万分の1地形図「東京西南部」大正6年修正，原寸)

いく分増加率は鈍っているが，1980年には120万，1985年には122万となった。

　人口の急増を最初にもたらしたのは，東急田園都市線の建設である。田園都市線は1963年10月11日から建設に着手され，1966年4月1日に溝の口～長津田間が開通し，ＪＲ横浜線と接続した。さらに，1968年4月1日にはつくし野まで，1972年4月1日にすずかけ台まで延長された。最終的には1985年に中央林間まで延長されて，小田急江ノ島線と接続した。

　鶴見川流域では上流部を小田急線が，下流部を東急東横線が横断し，恩田川に沿ってＪＲ横浜線が南部を縦断していた。田園都市線の開通は流域の中部，ちょうど丘陵地の縁辺部を縦断することになった。この地域は国道246号が通っていただけで，これまで開発が進んでなかったが，これを契機に開発が急激に進んだ。その後国道246号，第三京浜道路，ＪＲ横浜線に囲まれた地域の乱開発を防ぎ，住宅開発を進めるために，住宅公団により港北ニュータウンが計画された。中流部の支川である早淵川流域を中心に，1965年に計画されたのは計画面積1,317ha，計画人口22万人で，1974年より建設に着手された。その後の社会状況の変化から計画面積2,530ha，計画人口30万人に拡大されて，大学，研究所，事務所などが誘致され，都市農業との共存をはかりながらスローペースで整備されつつある。また，横浜から東海道新幹線の新横浜駅まで結ばれていた地下鉄が，港北ニュータウン（4駅）を通って田園都市線のあざみ野駅まで1993年に開通した。

　流域の都市化の過程は，その土地利用の変遷にはっきりと現れている。流域の土地利用のうち，畑および果樹園，水田，林地という農林業的土地利用は，1964年には68.4％であったが，1969年には54.5％，1973年には42.2％，1977年には34.7％，1985年には23％と急速に減少した。従来の予測では，

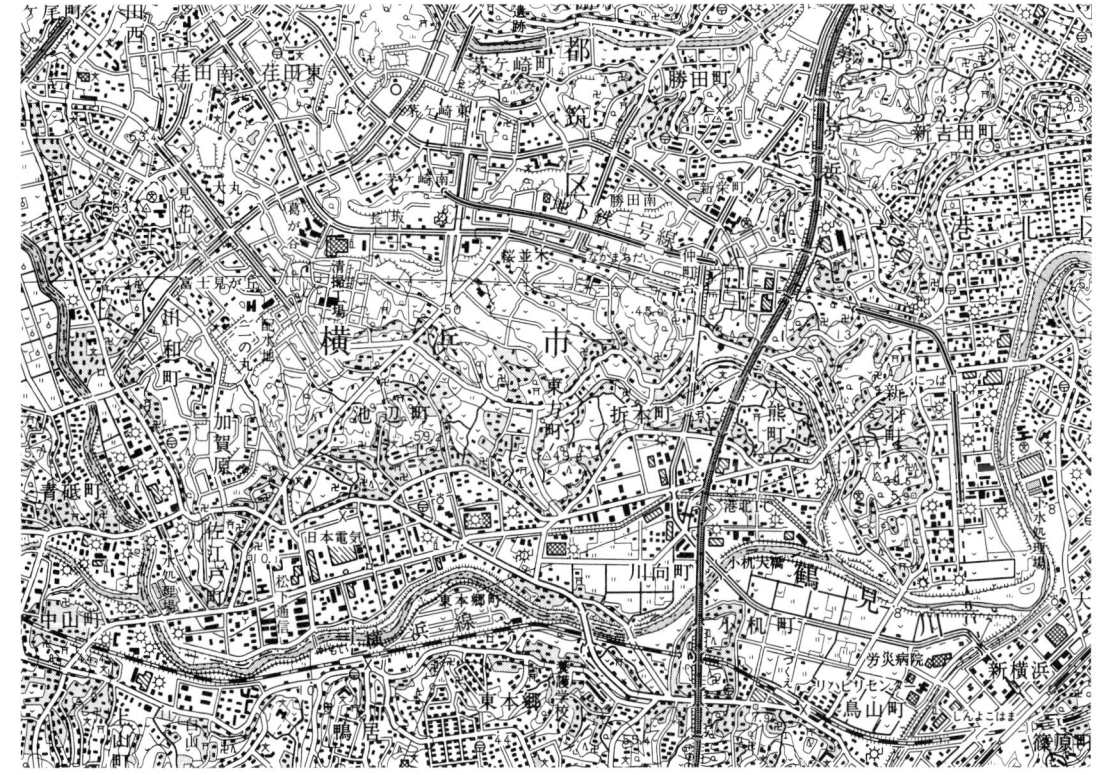

図27　現在の港北ニュータウン（5万分の1地形図「東京西南部」平成7年修正，原寸）

25％ある市街化調整区域内の未開発地だけを残して流域の80％が市街地になるとされていたが，実際には市街地調整区域でも市街地は拡大し，25％ある市街化調整区域の8％は1985年までに市街地となってしまった。75％を占める市街化地域はそのほとんどが開発され，1995年には流域全体の90％近くが市街地となっている。

　このような急激な市街地化が従来の降雨─流出システムを変化させ，いわゆる都市水害を顕著にした。それに対応すべく総合治水対策が導入され，1979年度より発足した総合治水対策特定河川制度に鶴見川が最初に指定された。従来の河川計画と一番異なる点は，流域負担流量という考え方を導入して，流域を保水地域，遊水地域，低地地域に分け，それぞれある程度の降水量を貯留することによって，河川への直接の負担を軽減することにある。

5．みなとみらい21

　横浜市は人口数から見る限り，日本第二の大都市である。にもかかわらず，東京への通勤・通学者のいわゆるベッドタウンの性格をもっている。田園都市線沿線や港北ニュータウンに造成されたり，造成されつつある住宅地の多くの居住者は，東京へ通勤・通学している。1995年の国勢調査の結果からみると，昼夜間の人口比は，東京（23区）が141％，大阪市が146％，名古屋市が119％であるのに対して，横浜市は90％で，昼間人口のほうが少ない。この状況を打破することも「みなとみらい21（MM21）」計画の目的の一つである。

　横浜市では，「ゆめはま2010プラン」を立案し，総合的な街づくりを推進している。この計画では，

写真10　みなとみらい21地区

　従来，関内・伊勢佐木町地区と横浜駅周辺地区に二分されていた都心を一体化して新たな都心とし，新横浜駅周辺部も都心機能を備えた地区として整備される。さらに，鶴見，港北ニュータウン，二俣川・鶴ヶ峰，戸塚，上大岡に副都心の建設が進められる。MM21計画はその中核をなすものである。

　MM21計画の計画面積は，186ha，就業人口19万人，居住人口1万人である。計画の実行は横浜市，県，国の他に，多くの第三セクターの株式会社や財団法人があたっている。なかでも株式会社横浜みなとみらい21が，街づくりの調整・推進，広報・PRなどの活動を通じて中心的な働きをしている。工事は1983年度に着工され，2000年を目標達成年度としている。MM21計画が目指すところは，横浜の自立性の強化，港湾機能の質的転換，首都圏の業務機能の分担である。これらを通じて，就業機会の創設，経済の活性化，業務機能，商業機能，国際交流機能の集積拡大がはかられ，市民の憩いの場としてのウォーターフロントの整備が行われる。

　1989年3～10月には横浜博覧会がMM21地区を会場として開催され，この時に建設された諸施設のうち，美術館，博物館，遊園地施設などが残された。同年9月には横浜ベイブリッジが開通した。1991年8月にはヨコハマグランドインターコンチネンタルホテル，1993年7月には横浜ランドマークタワー，1994年4月には国立横浜国際会議場，1997年9月にはオフィス・専門店街・ホテルの機能を具備したクイーンズスクエア横浜がオープンした。その他，横浜銀行本店，三菱重工ビルなどの業務施設も完成し，就業者，買い物客，観光客でかなりのにぎわいをみせている。

　しかし，一方では計画地域の西半分には空地が目立ち，横浜駅前との一体化にはほど遠い。横浜駅，MM21地区，県庁，元町を結ぶ予定の地下鉄MM21線の建設も遅れている。2000年の開業予定は遅れて，2,000億円と見積もられた事業費は5割増の3,000億円に達する可能性があるという。

〔松田磐余〕

(参考文献)
高村直助・上山和雄・小風秀雄・大豆生田稔(1984)：『神奈川県の100年』，山川出版社．
松田磐余・和田口諭・宮野道雄(1978)：「関東大震災による旧横浜市内の木造家屋全壊率と地盤との関係」，地学雑誌，87巻5号．
横浜市港湾局臨海開発部編(1992)：『横浜の埋立』，横浜市港湾局臨海開発部．

工業地帯の形成と変貌

川崎市

写真11　埋立地のシンボル　川崎マリエン

1. 明治末期の川崎

　1922年頃(大正11)の地形図には多摩川が形成してきた円弧状三角州が見事に表現されている(図26)。多摩川河口部には19世紀初頭に干拓された鈴木新田など，堤防で囲まれて干拓地であることが読み取れる部分や，塩浜に名を残す塩田に使用されているところもあるが，これらの人為的に改変されている海岸線を除くと，海岸線は円弧状を呈している。円弧状三角州が形成されていく過程では，河口の位置が移動していく。そのため分流路が残されて，微低地が形成される。池上新田付近から中嶋付近を通り，大嶋に向かう微低地がその例である。旧分流路の海側の延長には澪筋が残されている。多摩川河口付近にはいく筋もの澪筋が見られ，遠浅の海岸は干潮時には干潟となる。遠浅の海岸と河口から供給される真水により塩分が薄められることなどが利点となって，ノリの養殖が行われていたことはよく知られている。ノリの養殖は1871年(明治4)に大師河原村が国から海面4万坪を借り受けて始められたという。その後，養殖面積は拡大され，大師河原村の主要な生業となった。

　三角州地帯や自然堤防地帯では流路は蛇行している。蛇行が著しくなると流路が切られて，河道の位置が変わり，旧河道が残される。川崎駅付近から尻手，矢向を通り，南川原村を抜けて多摩川の河道に戻る旧河道が明瞭である。旧河道や後背湿地は水田に利用され，自然堤防上には桑や果樹が栽培されている。大師河原村の多摩川沿いの果樹園では，寛政年間より行われてきた梨が栽培されていた。梨の品種は明治期に入り変遷を重ね，その中から当麻辰次郎が育成した長十郎梨が生まれた。この梨は，病気に強いうえ甘味が多く，反収も大きいため一世を風靡することになった。

　1872年(明治5)9月に新橋～横浜間に鉄道が開通し，川崎駅も開業した。東海道線は盛業を重ね，横浜港は発展を続けていたが，日露戦争以前の川崎は旅客や貨物の通過駅に過ぎなかった。三角州上には農村が広がり，羽田村の主要な集落は羽田漁師町である。都市らしい形態をとるところは，川崎大師の門前町である大師河原村の中心部と，川崎宿を継承してきた川崎駅前の一部である。川崎駅は川崎大師への参拝客の利用が主であった。川崎町の人口は1897年(明治30)から1907年(明治40)の10

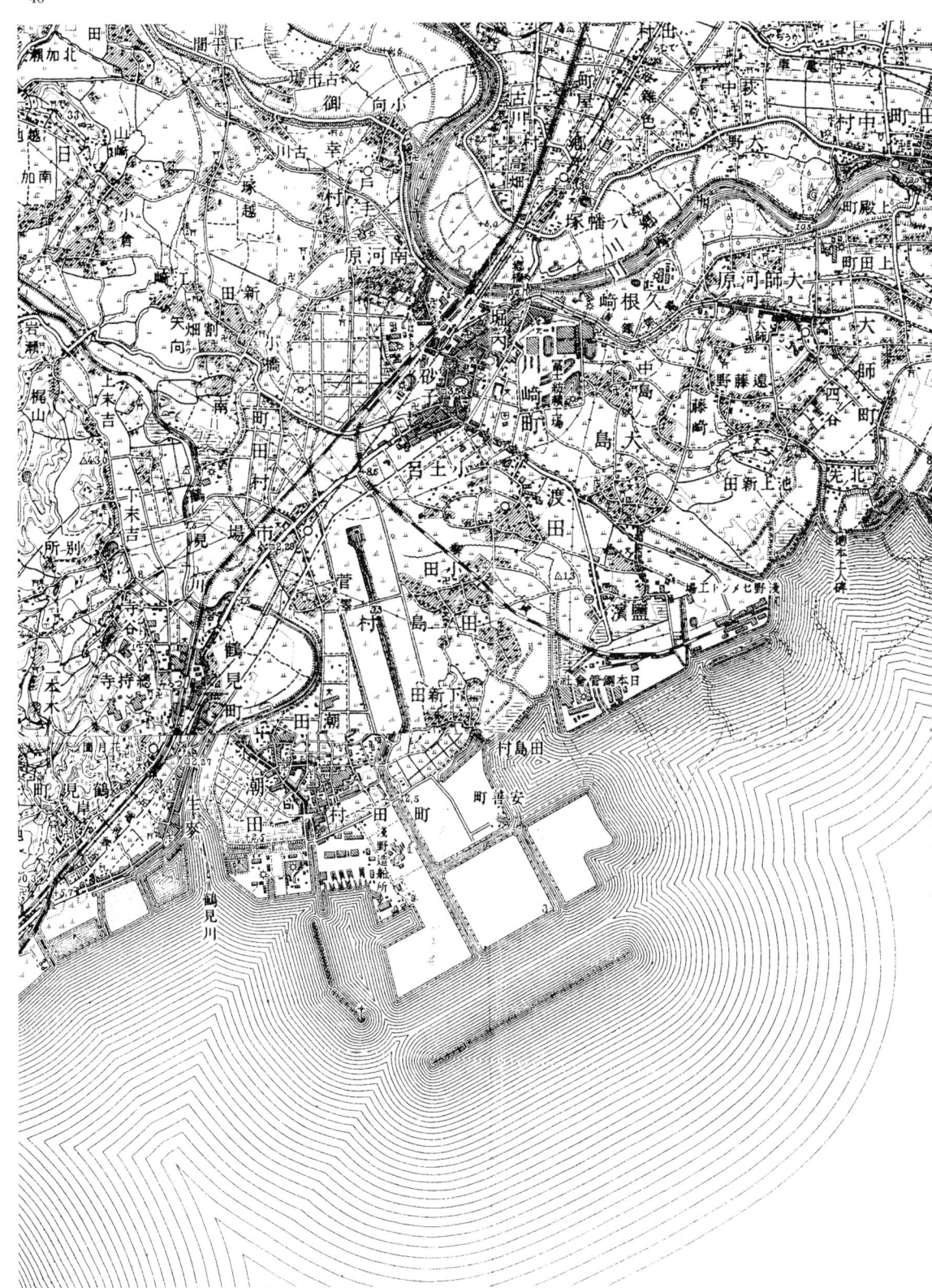

図28　1917年（大正6）頃の川崎町（5万分の1地形図「東京東南部」大正5年修正，「東京西南部」大正6年修正「横浜」明治45

年間に，4,871人から6,300人に増加したにすぎない。なお，京浜電気鉄道は大師電気鉄道として1898年に設立された。1899年に六郷橋から大師間を開業後，京浜電気鉄道と改められた。1901年には大森まで延長され，1905年に川崎～神奈川間が開通し京浜地域が結ばれた。

川崎町に工業化が進行し始めるのは明治末期からである。まず，横浜精糖（後に明治精糖に併合）が1906年（明治39）に操業を開始した。次いで，1908年には東京電気川崎工場（現在の東芝堀川町工場）が御幸村に進出してきた。両社とも，鉄道と舟運の便のよい六郷橋付近の多摩川沿いに工場を建設している。久根崎地区には1909年に日米蓄音機会社（後の日本コロンビア）のレコード製造工場が，さらに，1911年には川崎駅の東南側に銅鉄会社の電線製造工場が建設された。1913年には日本鋼管の川崎製鉄所が設立されるなど，次第に工場群を形成するようになった。

2. 京浜工業地帯の成立

川崎から鶴見にかけての一帯が急激に変化していくのは，京浜運河計画を契機としている。この計画に大きな影響を与えたのが浅野総一郎である。浅野は1883年（明治16）に東京深川にあった官営のセメント工場を払

図29　現在の川崎市（5万分の1地形図「東京東南部」平成10年修正，「東京西南部」平成7年修正，「横浜」平成12年修正，「木更津」平成

工業地帯の形成と変貌——川崎市　49

い下げてもらい，その経営で成功し，資本家としての地位を築いた。1896年には東洋汽船株式会社を設立し，欧米に視察に出かけている。

　近代の港湾施設を目にした浅野総一郎は，埋め立てによる工場用地の確保と運河の掘削を鶴見川河口から大師河原にかけての遠浅の海に計画した。沖合の土砂を浚渫して埋め立てを行えば，港湾施設を備えた工業用地が造成できると考えた。本格的な計画案が1908年にできるが，資金面を懸念する神奈川県の許可が得られず，渋沢栄一らの協力を仰いで鶴見埋立組合を設立し，それを強化して鶴見埋築会社を1913年（大正2）に発足させた。

　鶴見埋築会社は鶴見川河口から東側の町田村・田島村地先の埋め立てに着手し，完成した埋立地には浅野セメントの新工場，旭硝子株式会社，日本鋼管が順次立地した。後に浅野埋立と呼ばれたこの埋立計画は，関東地震による被害を受けながらも1928年（昭和3）に竣工し，埋立地の沖合に堤防が築かれて，その間を運河とした。鶴見埋築会社は1920年に東京湾埋立会社として拡充されている。

　一方，横浜港に隣接する鶴見川より西の海岸部では，横浜市営の埋め立てが1927年より着工され，鶴見川の河口付近では県

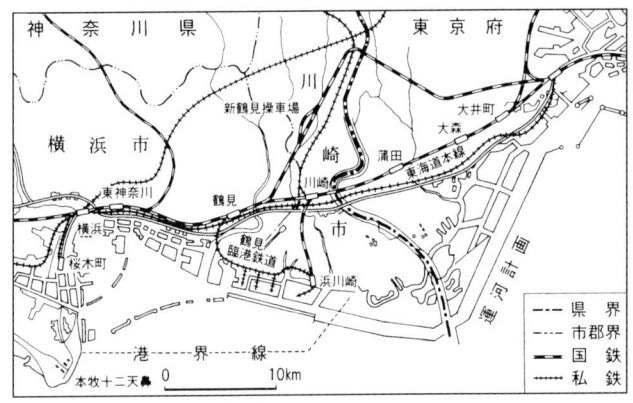

図30 京浜運河造成計画（横浜市土木局『横浜港』より作成）
（高村直助ほか：『神奈川県の百年　県民百年史14』，山川出版社，1984年より，一部省略）

営の河川改修工事や埋立事業が1929年に開始された。これらの工事により，現在の京浜運河の西半分の原型が整えられた。

関東大震災の復興が進むにつれ，東京〜横浜間の海上輸送の重要性が次第に高まった。内務省の臨時港湾調査会は幾多の議論を重ね，1927年（昭和2）10月に京浜運河開鑿計画を決定した。そこでは，既存の埋立地から多摩川河口沖を経て芝浦に至る間に運河を掘削することが計画された。この計画は，東京湾築港計画に基づいて行われ，東京港と横浜港を一体化して，京浜港を建設しようとするものである。

神奈川県でも1927年10月には「京浜工業地帯造成事業」が決定され，横浜港に隣接する鶴見川河口付近から，多摩川河口にいたる地域に埋立地を造成し，運河を掘削することになった（図30）。この事業を民間の京浜運河会社が行うか，国営で行うかで裁判で争われたが，国営で行ってかなりの部分を京浜運河会社が請け負うことで和解した。その後，京浜運河会社は東京湾埋立会社に統合された。工事は1938年（昭和13）より始められたが，戦争で中断され，戦後の1945年10月に県議会において県営埋立事業の廃止案が可決されて，事業は中断した（図30）。

3．戦後の埋立事業と工業の振興

1951年（昭和26）6月に川崎市は川崎地先の水域の港湾管理者になった。また，同年9月には川崎港は特定重要港湾の指定を受けた。これにより国からの補助金が増額されることになり，港湾の整備が進み始めた。川崎港の桟橋や岸壁の多くは民間会社の専用ふ頭で，海に面していない民間会社は一般貨物用の東洋ふ頭と三井ふ頭を利用していた。公共ふ頭は千鳥町の物揚場しかなかった。

一方，終戦直後に打ち切られていた京浜工業地帯造成事業の再開の交渉が，1952年から始まった。京浜工業地帯造成事業促進協議会が発足し，その結果，千鳥町の未完成部分と同地先の埋め立ては川崎市，小島新田・末広町・浮島町地区は神奈川県，大師河原地先は東亜株式会社が矢向町の埋め立てに着手し，1956年には川崎港港湾計画案が運輸省の港湾審議会の承認を得て，埋め立てが促進された。1957年には神奈川県が川崎臨海工業地帯造成事業として，小島町・浮島町・扇島町に及ぶ埋め立てに着手した。埋立事業は順調に進行し，1963年の県営の川崎臨海工業地帯造成事業の完成により竣工する。この事業以降の埋め立ては，日本鋼管と神奈川県による扇島の拡大であるが，そのほとんどは横浜市域で，一部が川崎市に所属したに過ぎない。

これらの埋立地には石油化学コンビナートや鉄鋼などの工場が立地し，電力を供給するための火力発電所も建設された。また，内陸部はおもに電気機器製造業を中心にして発展してきた。川崎市の工業地帯は京浜工業地帯の一角として，鉄鋼・重化学工業，電機産業の発展に大きな役割を果たしていたが，一方では，地下水の過剰揚水に伴う地盤沈下や排気ガスによる大気汚染が広がっていった。地

盤沈下は1939年（昭和14）に全国にさきがけて敷設されていた工業用水道を利用して，地下水の揚水規制を行うことができたので，東京・大阪などのように広範囲なゼロメートル地帯の出現には至らなかった。しかし，大気汚染はかなり深刻で，四日市ぜんそくと並び称される川崎ぜんそくが蔓延する。川崎市では1960年（昭和35）に公害防止条例を公布し，さらに国は川崎市全域を「ばい煙の排出の規制に関する法律」による指定地域とした。1970年には市内で初の光化学スモッグが発生し，1982年には「川崎公害病友の会」が，国や企業を相手に川崎公害訴訟を提訴した。

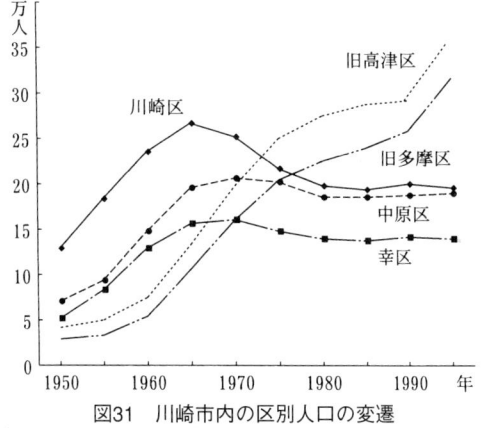

図31 川崎市内の区別人口の変遷
（川崎市統計書より作成）旧高津区は現在の高津区と宮前区の合計，旧多摩区は現在の多摩区と麻生区の合計．

　高度経済成長期に発展し，オイルショックや円高不況を乗り越えてきたが，製造業を中心とする川崎市の産業構造は，変革を迫られている。事業所数（従業者4人以上）と従業者数の変遷をみると，事業所は1990年以降は減少傾向にあり，ピークを示した1988年の事業所数3,407が1996年には2,437に減少している。従業者数は減少し続けており，1985年の14万6983人から1996年には約27％減の10万7676人になった。製造業以外も含めた全就業者でみても，1975年以降は流出就業者が流入就業者を上回り，年々その差は拡大し，1990年には約8万7000人の流出超過となっている。

　このような状況の中で，川崎市では1993年に2010年までを計画期間とする「かわさき産業振興プラン」を策定した。このプランでは，①工都（生産機能）と研究開発都市を基盤とする「国際業務創造都市」，②地球環境や国際社会と共生する都市，③市民生活の豊かさと生活環境の高度化に貢献する「生活産業都市」，の3点を産業政策の指針としている。

　1994年には首都高速湾岸線が，1997年暮れには東京湾横断道路（アクアライン）が開通した。アクアラインの開通により川崎〜木更津間のフェリーの運行が中止された。東扇島のシビル・ポート・アイランドとしての整備や川崎縦貫道路の計画なども進められている。これらを通じて，臨海部の鉄鋼・石油精製・化学などの素材系産業と内陸部の電機などのハイテク産業をいかに発展させて，産業構造を変革させていくかが，大きな課題となっている。

5. 人口の変遷

　図31は川崎市の区別の人口の推移を示したものである。1982年（昭和57）に高津区から宮前区が，多摩区から麻生区が分区している。人口変遷の特徴をみるためには，分区以前の区別に集計する方がよいので，図では旧高津区，旧多摩区としている。人口の変遷は，南部の川崎区・幸区・中原区と北部の高津区・宮前区・多摩区・麻生区で異なる。南部の諸区では，戦後の経済復興に伴う人口の首都圏への回帰を反映し，1965年（昭和40）まで一貫して急激な人口の伸びが続いていたが，それ以降は減少から停滞傾向となり，1990年までそれが続く。一方，北部の諸区では，1960年以降の人口の伸びが著しい。1975年以降の伸びは多少鈍るが，1990年以降，再び伸びは大きくなる。

　南部の区で人口が減少していったおもな理由は，石油化学関連企業の再編，技術革新に伴う生産機

写真12　JR川崎駅東西自由通路

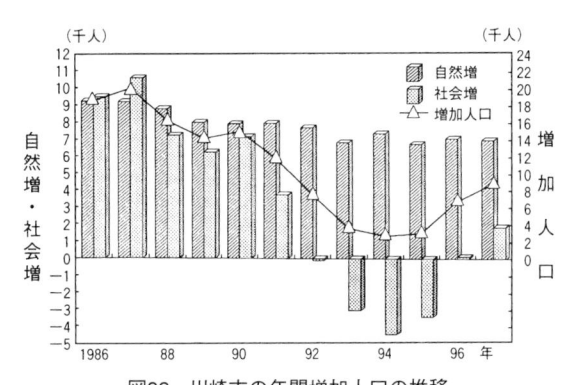

図32　川崎市の年間増加人口の推移
（川崎市：『川崎市の人口動態』，1996年より）
（注）自然増とは出生数から死亡数を差し引いた数値であり，社会増とは転入・その他から転出・その他を差し引いた数値である．

能の変化であろう。これらの諸工業は臨海部に立地していたが，省力化を進めたり生産機能の転出により，就業者を地方に分散させた。「工業等制限法」による市内の工業制限区域の拡大や，「工業再配置促進法」による移転促進も働いている。しかし，前述した大気汚染による環境悪化の影響も否めない。

北部の区では1960（昭和35）年以降の人口増加が著しい。この頃より，市北部や横浜市内の丘陵地に住宅公団による土地区画整理事業が行われ始め，大規模な住宅団地が造成されていく。田園都市線の建設，小田急線の輸送力増強，南武線の複線化が住宅開発に拍車をかけた。

人口の増加は川崎市を活性化する一方で，公共投資に伴う財政負担を増大させた。例えば百合ヶ丘団地の場合には，関連公共投資額7億7554万円に達し，その70％を地元の川崎市が負担した。小・中学校，保育園，消防署，清掃施設などの公益施設については事業者負担はまったくなかった。組合施行の区画整理事業でもより多くの公共投資を余儀なくされた。川崎市としては開発の急増と逼迫する財政への対処のため，全国に先駆けて1965年に「団地造成事業等施行基準」を制定し，行政指導の指針とした。この施行基準では1964年に制定された「住宅地造成事業に関する法律」よりも厳しい基準で，公共用地の提供が求められ，開発業者の負担の増大を強いている。

図32は最近の人口推移である。人口の社会増は1987年までは自然増をわずかに上回っていたが，1988年より自然増を下回りはじめ，増加人口の伸びが小さくなっていく。1993年から1995年の3年間の社会増はマイナスである。これは，産業構造の変革に伴う就業者の減少を示すものであろう。

〔松田磐余〕

（参考文献）
川崎市市役所（1968）：『川崎市史』川崎市役所．
高村直助・上山和雄・小風秀雄・大豆生田稔（1984）：『神奈川県の百年　県民百年史14』，山川出版社．
三菱総合研究所編（1996）：『川崎の産業』，川崎市経済局産業部産業政策課．

関東を代表する歴史都市

鎌倉市

写真13　鎌倉・若宮大路

1. 都市の立地と鎌倉幕府の都市開発

中世都市の規模　鎌倉は三方を100～150m程度の高さをもつ丘陵で囲まれた小さな滑川による鎌倉平野にあり、地形図からわかるように長さ2km、幅1～2kmと約2km²の面積にすぎない。当時の首都機能をもたせるとすれば関東地方にみられる鉢形城（埼玉県寄居町）や小机城（横浜市）のような山城では不十分であり、4本の道路によってのみ外部と通じる天然の城壁と海に囲まれた狭い平野が最適な立地条件となっている。東海道地域にはこのような手頃な規模の平野や盆地は他にはない。この大きさは平安京の23.4km²、藤原京の6.7km²（小さめに想定する岸　俊男説）よりもはるかに規模が小さい。そのような場所に中国風の方形のシンメトリーな都城のプランを考えるのは物理的に困難である。古い秩序の破壊者として軍人の源　頼朝が必ずしも貴族社会のつくりあげた京風の都にこだわったとも思えない。古くからの東海道に沿った幹線交通路の上に政治の拠点が置かれたとみるほうが自然である。海に面していることは当然ながら交通の便にも優れているということであり、後の東端に位置する和賀江津港の整備はこの都市にとって重要な意味をもっている。また最近の発掘によれば、現在の鎌倉駅西にある丘陵麓の御成小学校が鎌倉郡の郡衙の所在地ではないかと言われており、とすると平安時代にもそれなりの地方の中心地であったことが認められる。1063年（康平6）の陸奥の国に対する前九年の役の勝利を記念して、京都の石清水八幡宮を分霊して祀るために滑川ほとりに鶴岡八幡宮を造営した（現在の元八幡）ことが、源氏とこの土地との結びつきの始まりといわれる。

　頼朝は鎌倉幕府を開き、彼の居館を取り巻いて主要な御家人の屋敷が集まる政治の中心地となる。これは現在の雪の下地区にもうけられ六浦道といわれる北部を通る東西の幹線路に沿っている。さらに鶴岡八幡宮が1180年（治承4）に現在地に移され、ほぼ南北に通る若宮大路がつくられる。これが現在まで続くこの町の軸線となっている。北条氏が執権となってからは、1225年（嘉禄1）に若宮大路に面した南の宇都宮辻子に幕府が移転された。そしてこの時代に切り通しや港の整備が行われた。

　鎌倉時代の最盛期の構造はその後幕府の滅亡期に破壊されたが、室町時代になると関東公方が浄妙

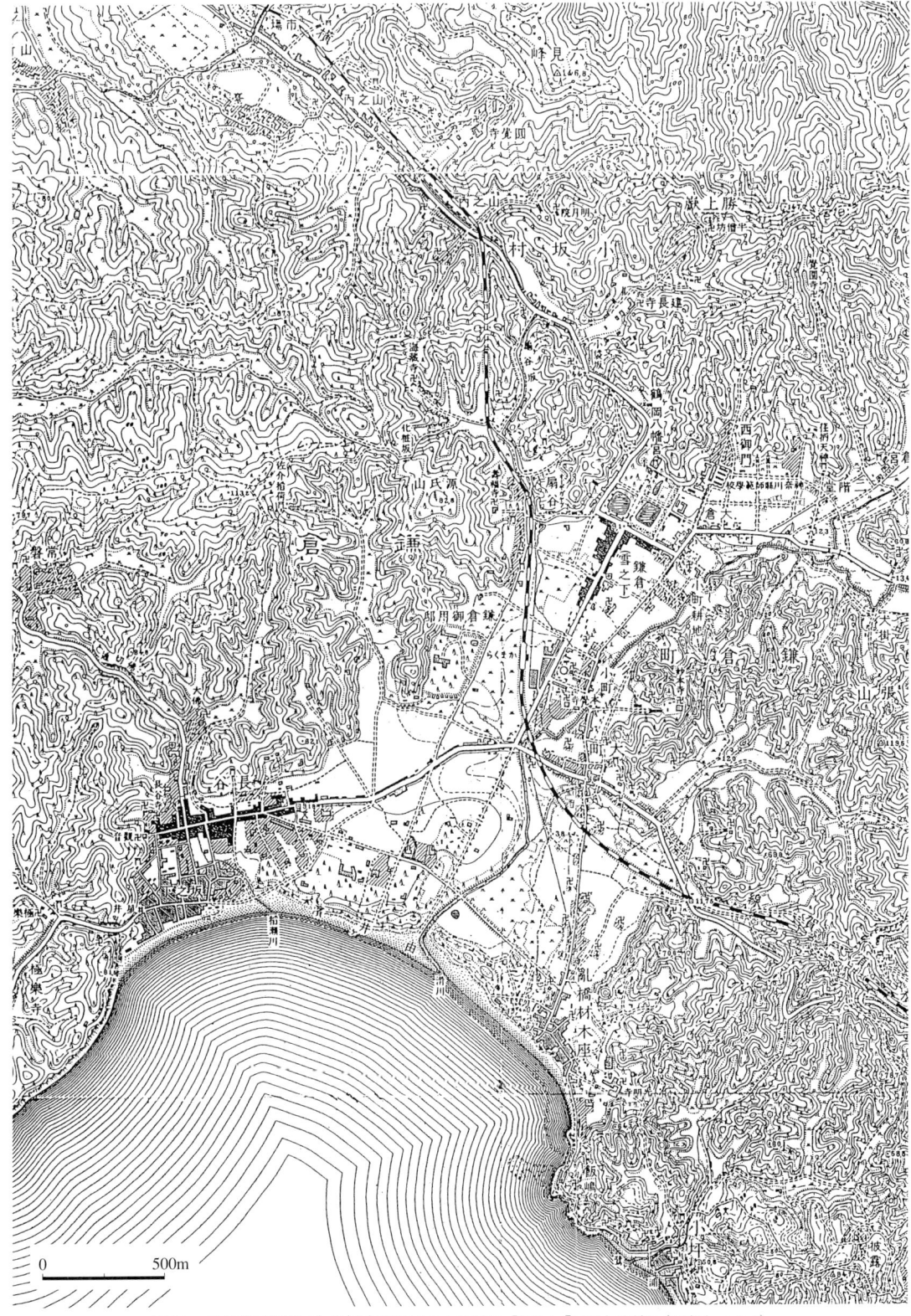

図33　1903年（明治36）の鎌倉（2万分の1地形図「鎌倉」「戸塚」明治36年測図，×0.8）

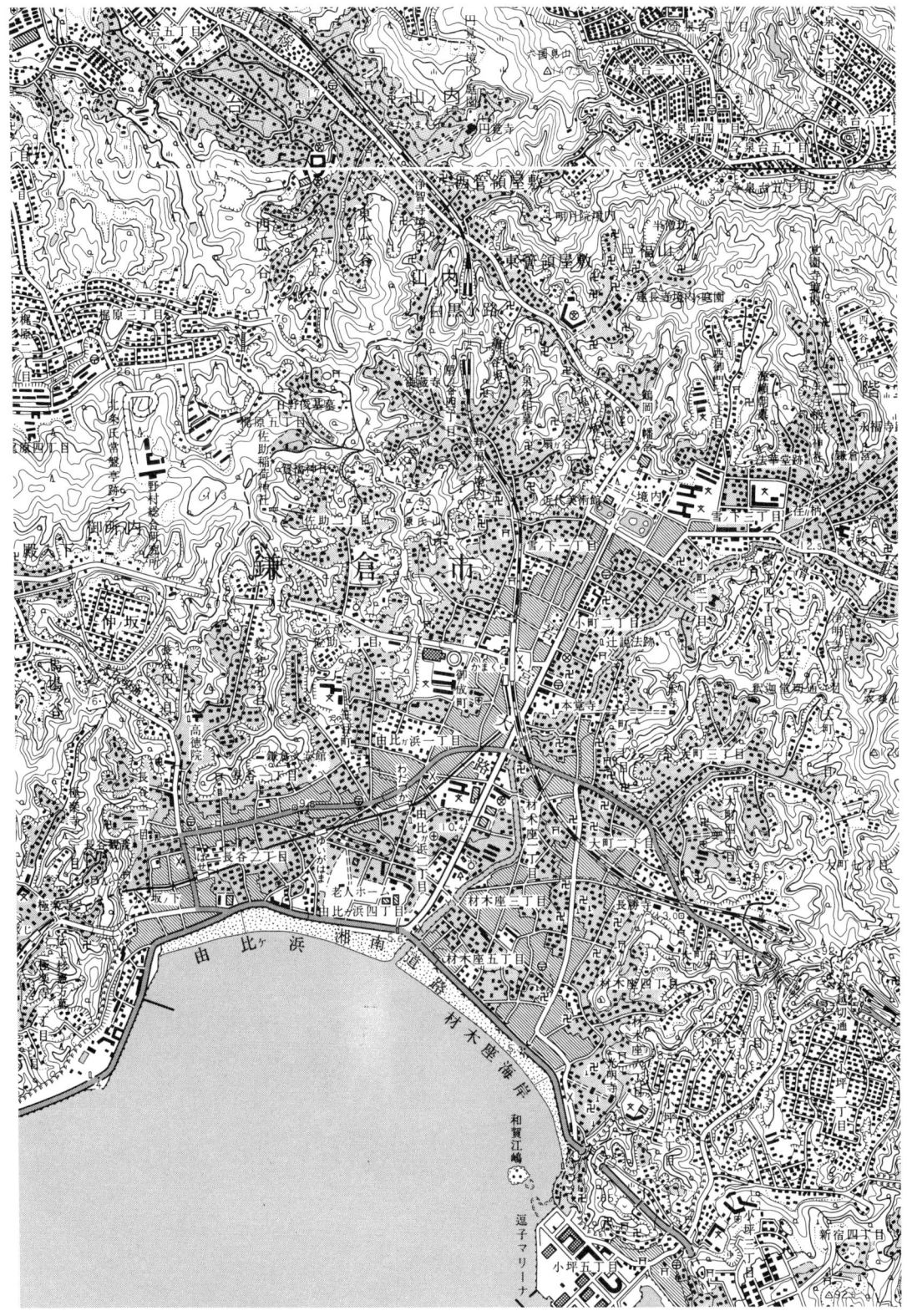

図34 現在の鎌倉市（2万5000分の1地形図「鎌倉」平成10年修正，「戸塚」平成13年修正，原寸）

寺東方に置かれて、東国支配の拠点となって再び栄えた。戦国時代になると政治の中心からはずれた鎌倉は衰退し、その後の状況は江戸時代を通じて大きな変化はなかった。したがって明治初期の姿にそのまま反映しているといえ、明治末の地形図においても大きな変化はないといえる。現在この狭い平野部を埋め尽くし、山麓部を切りくずしあるいは丘陵部をも削って宅地開発が進んだ状況とはまったく異なる局面である。それにもかかわらず、寺院の多いこの街は関東では最も古都の面影を残している都市といえる。

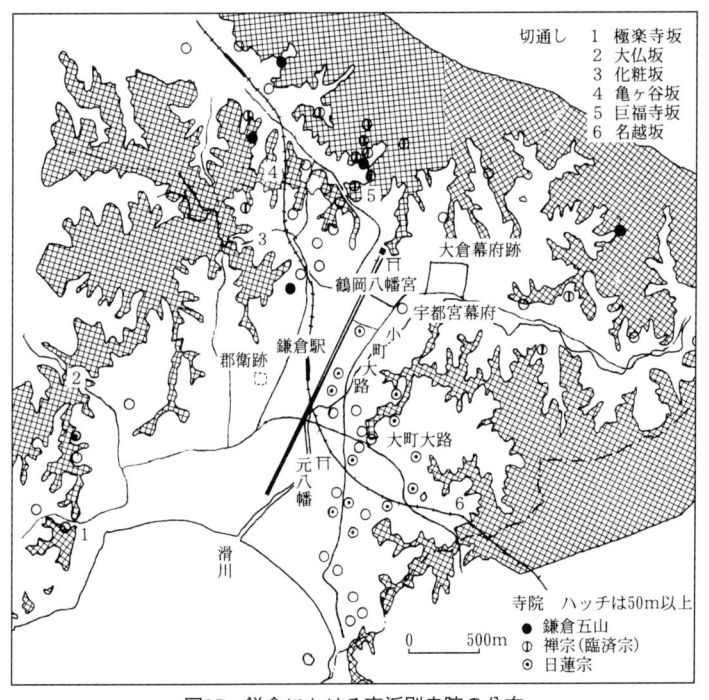

図35　鎌倉における宗派別寺院の分布

鶴ヶ岡八幡宮と鎌倉五山　鎌倉は寺院の多い町である。とりわけ、密教系が古くから国家、政権に結びついていたし、中期になると中国から導入された禅宗（臨済宗）が新興宗教としての力をつけて、北条氏のもとで保護された。さらに町人には日蓮宗が浸透していった。その力関係は図35にも示したように、寺院の分布にあらわれている。五山に代表される政治と結びついた禅宗の寺院は北部の谷地に立地しており、日蓮宗の寺院は南東部の平地に多い。また、南西部に位置する律宗の極楽寺は、和賀江港の管理を任されるとともに貧困層の救済に当たった。これらの寺院にも盛衰はあり、寺院跡もかなりの数が明らかになっている。とくに明治初期の神仏分離期に衰退して消滅したものも多い。1919年発行の地図（鎌倉同人会）には50の寺院と19の神社が記載されていて、それらは全部現在の地図にそのままある。山村（1997）論文の表になっている寺院112のうち36が、神社では12のうち9が現存することになっているから、鎌倉府以降に建設された寺院も多いことがわかる。ちなみに現在の1万分の1地形図（鎌倉、逗子、大船の旧市内地区）には67記載されている。政治の中心の位置と寺院の配置などから、山村論文で指摘されるように計画的な都市の存在よりは地形に順応した都市とするほうが理解しやすい。鎌倉時代の主要道路は、図33を通してもわかるように、ほぼ現在にそのまま連続しているものと考えられている。その中心に若宮大路があるほか、東側の小町大路が山麓沿いに平行し、東西の通りとの交差点が大町の商業地区となっていた。明治時代にはそれらの道路沿いに町並みがあり、平野部にも広い空白地が広がっていることがわかる。現在では山麓部が宅地化されて住宅で埋めつくされている。

2．明治期からの変貌：東京の保養地としての開発

1889年（明治22）に東京と軍港横須賀を結ぶ横須賀線が開通したことにより、鎌倉が東京と容易に

結ばれるようになり，現在みられるような東京の郊外住宅地開発に進んだ。1894年(明治27)には東西二つの鎌倉村が合併して鎌倉町となり，さらに1910年(明治43)に江ノ島電鉄が開通し，1925年(大正14)には横須賀線が電化されたことにより，一層交通の便がよくなった。とくに横須賀に近いために海軍との結びつきが強く，将官や退役軍人の居住地となった。

他方，海水浴場としての評価は1880年(明治13)お雇い外国人のドイツ人ベルツが最適な保養地であると評価したことに始まる。その功績をたたえて，稲村ヶ崎にベルツの記念碑がある。さらに1884年長与専斎が，由比ヶ浜に別荘を設けここを海水浴場として紹介した。明治も20年代に入るとラフカディオ・ハーンや泉 鏡花，島崎藤村などが滞在するようになり，次第に夏の保養地，避寒地として世間に知られるようになってきた。東京に近いこともあって，明治末頃から湘南の代表的な別荘地としての地位を築いていった。現在ではその当時の面影を残す建物はあまり残っていない。由比ヶ浜は入江となる遠浅波静かな砂浜海岸であり，海水浴場として優れていた。

3. 文化人の居住地としての鎌倉　鎌倉文壇の形成

関東大震災による被害は大きかった。4,138戸のうち3,054戸が全半壊し，443戸が全焼。313戸が津波により流出した。死者412名に達していた。その後の復旧は早く，昭和になってからいわゆる文人が鎌倉に多く居住するようになった。現在，鎌倉文学館にリストされている文人(故人のみ)は164人を数える。その中心となるのは1936年から1961年まで続いた鎌倉ペンクラブである。1940年の名簿には49名が登録されている。会長は久米正雄，幹事が大島十九郎，永井龍男，深田久弥，菅 忠男である。中心となって世話をしていたのは久米正雄である。さらに大佛次郎，里見 弴，川端康成が御三家といわれた。ここに住んだ人々で前述のノーベル賞作家となった川端康成をはじめ，明治から大正，昭和にかけての文学史に名前をとどめる作家や歌人の数は多数にのぼる。短期間滞在して作品をものにした人，一時期住んで移っていった人，保養地として利用した人，ついの住みかとしてここで終焉を迎えた人，鎌倉を小説の舞台にして書いた人，そのかかわりはさまざまである。現在活躍している作家も多く住んでいるが，鎌倉文壇といわれるのは先の御三家や今 日出海らが亡くなった昭和50年代末で終えたとみられている。その他評論家，雑誌編集者，漫画家，映画監督，俳優，学者などが多い。

文人の存在が鎌倉の名前を高め，その後の住宅開発に好ましいイメージを与えて高級住宅都市をつくりあげてきた。彼らの居住地は市街の全域に及んでいるが，中心部よりは周辺の山よりの住宅地で景色のよい場所が好まれているようにみえる。とくに第二次世界大戦中から戦後にかけてはここが戦災から免れたために，多くの人が集まってきた。東京から電車で約1時間の近さにありながら，一山越えた静かな住宅都市で，温暖で海が見える風光明媚な土地であり，生活と文筆活動には適していたのであろう。市街地は比較的狭く，お互いの行き来や交流が容易であり，刺激も受けやすかったし，文壇としてのまとまりも保ちやすかったにちがいない。

4. 住宅開発と緑地保全

地形図にみられるようにこの百年間に緑地の減少，住宅地化の進展が顕著である。昭和30年代に入ると都市化が進み鎌倉を取り巻く丘陵地が一般の住宅地として開発が進みだした。とくに1960年頃か

らは大規模な住宅開発が大小の資本によって行われ，鎌倉の寺院の後背地の緑の環境が危機にさらされた。現在の土木技術をもってすれば，この程度の規模の丘陵地の開発はきわめて容易である。1964年に八幡宮の裏山まで開発の手が伸び，「鎌倉の自然を守る会」ができて開発計画を中止させることになった。そこにも大佛次郎らの動きが作用している。このような動きのなかで，1966年国は「古都における歴史的風土の保存に関する特別措置法」を制定して，京都・奈良とともに鎌倉の歴史的に価値のある地域を無秩序な開発から守るように動き始めた。1967年に鎌倉市歴史的風土保存区域が決定された。これは現在では次の五つの地区にわたり，956haが指定されている（うち特別保存地区570.6ha）。

1．朝比奈地区138ha　朝比奈切通しなど，2．八幡宮地区307ha　鶴岡八幡宮を中心として，寿福寺，瑞泉寺，浄妙寺，永福寺跡など，3．大町材木座地区149ha　名腰切通し，妙本寺など，4．長谷極楽寺地区204ha　極楽寺，長谷大仏など，5．山ノ内地区158ha　円覚寺，建長寺，浄智寺など．

5．文化都市と観光都市

　観光都市としての古都鎌倉は，すでに江戸時代から名所遊覧の地として注目されてきたが，近年ではおもに首都圏から多くの観光客を呼び込んでいる。ここには現在国宝15を含む505の文化財が登録されている。37の史跡，3の名勝，57の建造物を中心に文化的観光資源が観光客を引きつけるポイントとなっている。若い女性，中高年者，修学旅行の学生，外国人など，近年ではおよそ年間2000万人前後が訪れる。ただし，1977年の2,425万人をピークに最近では客数は頭打ちである。また，東京に近いために観光客のなかでの宿泊客が少なく（1.3％），日帰り観光客ばかりである。そのために大規模な宿泊施設は少ない。ただし，夏の海水浴のための大企業の保養所は多い。しかし，単純に計算しても1日平均5.5万人の外来客になるから，16万人規模の都市としてはかなりの負担をかけているといってよいであろう。それは小町通りなど一部の商店や飲食店に大きな影響を与えている。

　市内の観光ポイントとして多く集まるのは，1995年のデータでみると1位鶴岡八幡宮938万人，2位鎌倉海岸（由比ヶ浜，材木座）222万人，3位大仏143万人，以下長谷観音97万人，建長寺92万人，円覚寺66万人，銭洗弁財天65万人と続く。神社仏閣が多く，とくに八幡宮の初詣客は1月のみで全国有数の440万人を数える。また，海水浴場は7・8月で186万人を迎える。そのほか外国人に人気のある鎌倉大仏をはじめ，四季を通じてのさまざまな花が咲き散策に適した寺院が多く，春秋のみでなく1年を通して観光客が絶えることはない（数字は鎌倉市統計書）。

　観光客の増加に伴う課題として，交通問題としての慢性的（とくに週末と正月および夏）な自動車の渋滞と外部からくる客を受け入れる駐車場の不足があげられる。それらは市民生活にとっての環境悪化である。狭い市域と外部からの出入りの限られた道路，それがまさに鎌倉の特徴であり，一定程度の開発を防いできた壁でもあるが，旧市域にいかに外部から流入する乗用車を減らせるかが課題となってくる。周辺地域に駐車場をつくりそこからバスで運ぶという方式も実現は容易ではない。

〔寺阪昭信〕

(参考文献)
石井　進・大三輪龍彦編(1989)：『武士の都鎌倉—よみがえる中世3—』，平凡社．
鎌倉考古学研究所編(1994)：『中世都市鎌倉を掘る』，日本エディタースクール出版部．
山村亜紀(1997)：中世鎌倉の都市空間構造．史林，80巻2号．

消えた海岸線

横須賀市

写真14　東上空から見た横須賀新港と市街地中心部

1. 明治期末までの横須賀

　幕末には数多くの外国船が浦賀沖に姿を見せるようになり，高まる外国からの開国の要求に抗しきれず，幕府は鎖国政策から開国へと方針を変えていく。その過程で，軍備への要求が強まり，1854年（安政1）には大船製造が解禁された。さらに，軍艦や蒸気船など洋式の艦船が必要となった。当時はさしたる造船技術をもっていなかったため，各藩は諸外国から艦船を購入していた。艦船数の増大に伴い修理工場や船に付属する機器の製造工場が必要となり，幕府はその場所を探し始めた。

　横須賀港周辺の海岸線は凹凸に富むリアス式海岸である。港とするには絶好の条件を備えている。それに江戸からも近い。当初，浦賀や横須賀は場所が狭いので，工場の建設地には向かないという意見もあったが，横須賀が選定され，製鉄所が建設されることになった。フランス人技師のレオン・ウェルニーの設計による横須賀製鉄所の建設が始まるのは，1865年（慶応1）である。

　明治維新により明治政府が横須賀製鉄所を幕府から収受し，所管を神奈川府裁判所に移した。その後，所管は大蔵省を経て民部省へと変わり，1871年（明治4）に最初のドックが完成した。その翌72年，工部省所管の時に横須賀造船所と改称された。また，同年には海軍省の管轄になり，横須賀海軍造船所，横須賀鎮守府造船所，横須賀海軍造船廠と名前が変わり，最終的に1903年（明治36）より横須賀海軍工廠と命名され，第二次世界大戦終結までその名称が使用された。

　造船所では軍艦が建造され，横須賀港は軍港としての機能を拡大していった。1912年（明治45）の地形図（図36）を見ると，いくつもの軍事施設をみることができる。名前は記載されていないが，横須賀湾の湾奥にあるのが横須賀海軍工廠である。その北側には銃砲庫がある。機関学校，海兵団，兵器廠などがその例である。

　横須賀が軍港としての地位を高めるとともに，横浜から横須賀へのアクセスの改善が要求されるようになった。海陸両軍の軍略上の要請から鉄道の敷設が決定され，東海道線の戸塚と藤沢の間で分岐し横須賀に至る路線が計画された。その結果，大船停車場を新設し，そこから分岐して鎌倉，逗子，

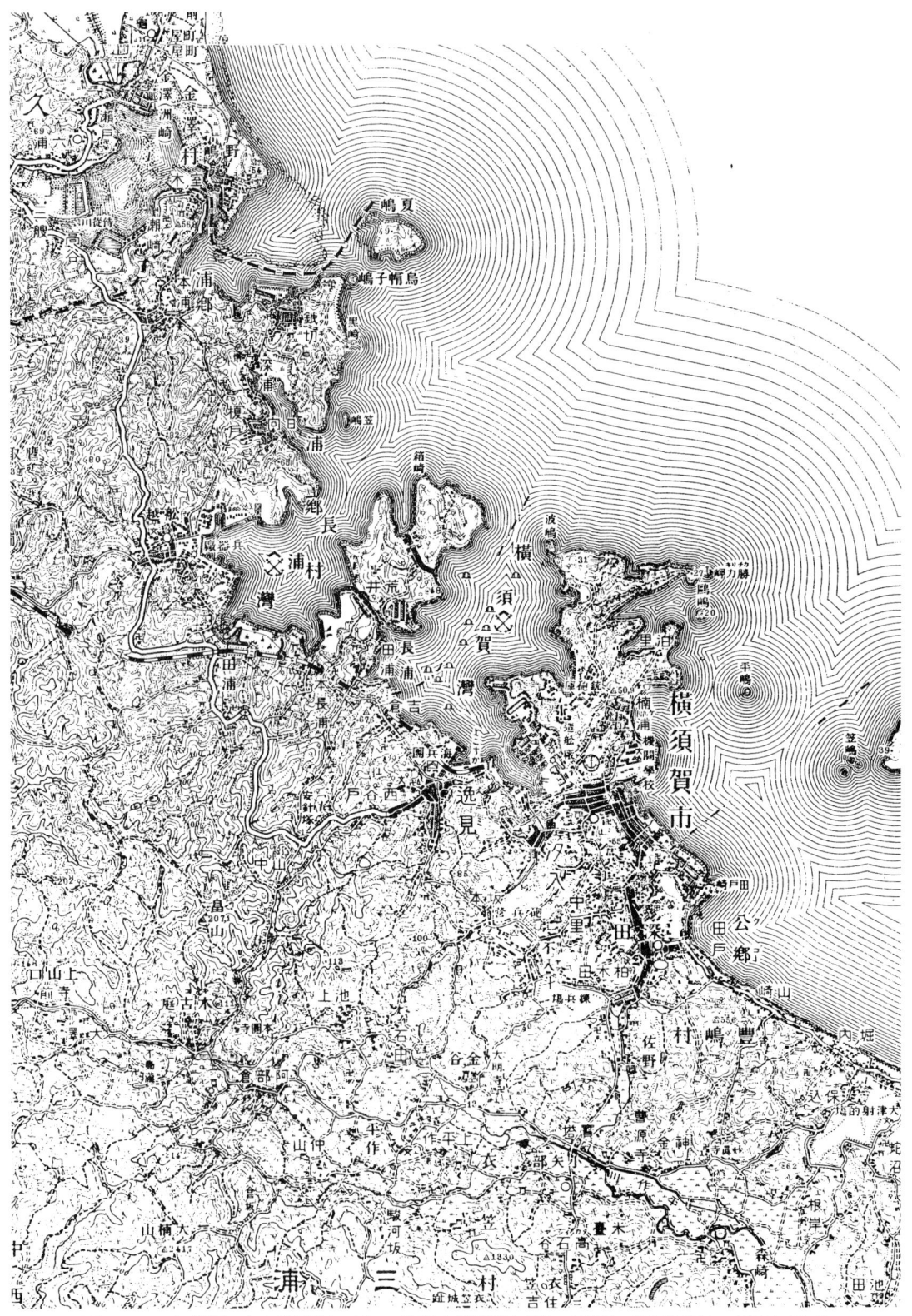

図36　1912年（明治45）の横須賀（5万分の1地形図「横須賀」明治36年測図,「横浜」明治45年修正,原寸）

消えた海岸線 — 横須賀市　61

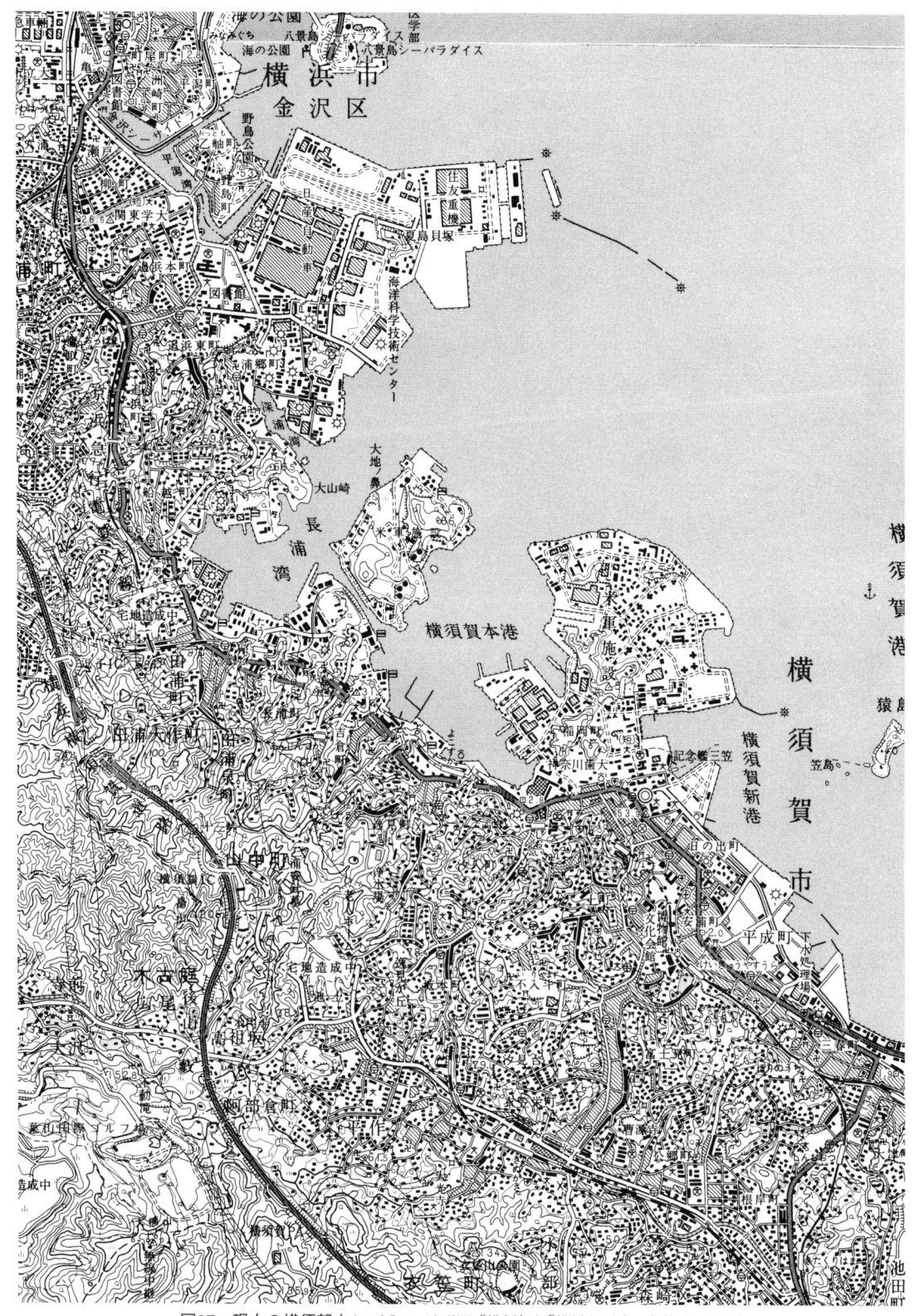

図37　現在の横須賀市（5万分の1地形図「横須賀」「横浜」平成12年修正，原寸）

田浦を経て横須賀に至る横須賀線が1889年（明治22）に開業した。初期には観音崎の近くまで鉄道を敷設することが考えられたが，横須賀市内を横断することが困難であったため，横須賀の手前の逸見が終点になっている。横須賀線は1944年に久里浜まで延長された。一方，道路の改修も行われ，現在の国道16号の前身となる海岸沿いの道路が1887年に国道となった。

これらの社会的激変を背景にして，横須賀の人口は急増していく。住宅地は平地内に収まらず，丘陵地を刻む谷底低地に進出して，さらに丘陵地の斜面を登っていった。1884年（明治17）の横須賀町の人口は約8,700人，豊島村（後に合併する範囲も含む）は2,600人であった。それが，わずか5年後の1889年には，横須賀町が約1万7000人，豊島村が約8,300人となり，豊島村は1903年（明治36）に豊島町になる。

同じ軍関係の職場に勤務していても，横須賀町と豊島町では租税が異なっていたり，小学校の学区が異なるため通学の不便が生じていた。一方，横須賀町では市制施行への準備を1902年から始めており，横須賀町，豊島村，浦郷村の合併を考えていた。しかし，豊島村は社会的施設の建設を迫られる，税負担が過重になる，横須賀町に従属することになるなどの問題により反対し，合併案は暗礁に乗り上げた。両者が和解して合併し，横須賀市が発足するのは1907年（明治40）2月15日である。しかし，1903年の地形図には横須賀市と豊島村の両方の地名が記入されているので矛盾している（『横須賀市史』）。

2. 平潟湾と夏島

横須賀が軍港として騒がしく成長していったのに比べて，図36図幅の最北部に位置する平潟湾周辺部は静かであった。平潟湾は野島地先の狭い水路で東京湾につながっている。これは，北の町屋から野島に延びている砂州が湾口を塞いでしまったためである。平潟湾の北奥にはさらに内川入江があり，古くから景勝の地として知られていたが，江戸時代末期に内川入江は干拓され姿を消している。砂州という天然の防波堤に守られた平潟湾の湾口には漁村である野島浦が立地している。金沢八景は，平潟湾と内川入江の周辺部に見られる風景が中国杭州の瀟湘湖周辺の瀟湘八景に擬せられて，命名されたものである。小泉夜雨，瀬戸秋月，称名晩鐘，乙艫帰帆，内川暮雪，野島夕照，洲崎晴嵐，平潟落雁を金沢八景と呼び，歌川広重の二組の版画でよく知られている。

夏島は縄文創期から早期の貝塚で，土器編年の模式地として名高いので紹介しておきたい。この貝塚の土器は3層に区分されている。下層は縄文もしくは撚糸文を特徴とする夏島式，中層は沈線文系の田戸下層式，上層は条痕文と刺突文を特徴とする鵜ヶ島台式と呼ばれている。夏島貝塚は東京湾沿岸では最も古い貝塚で，9,000年前には人が住みついている。当時の海面高度は現在より30～40m低く，夏島は烏帽子島から続く岬となっており，陸続きだった。

松島義章（1996）は貝塚の貝層を詳しく調査している。貝塚の下部の貝層からは湾奥の干潟に生息するマガキやハイガイ，岩礁に生息するスガイやイシダタミ，それに河口近くに生息するヤマトシジミなどが混ざって出土する。上部になるとアサリやハマグリが多くなり，魚の骨にもタイが多くなる。これは貝塚が形成され始めた頃は，いろいろな環境のところに住む貝を採ってきており，いろいろな条件の海岸まで貝を採りに行っていたことを推測させ，海岸はかなり離れていたと考えられる。上部になると塩分濃度の濃い環境に住むものに代わっている。海が近くなり，海面が上昇してきたことを

示している。6,000年前頃には海面高度は現在と同じか，多少高くなり，夏島は陸地から切り離された。その結果，縄文人は島を離れ貝塚は放棄された。

3. 第二次世界大戦後の横須賀市

　第二次世界大戦が敗戦に終わり，軍事組織は解体され，海軍助成金に依拠してきた財政も破綻した。横須賀市の再生への道は，1950年（昭和25）公布の旧軍港市転換法の公布・実施による。この法律により，軍港都市から産業都市への脱皮が計られた。1948年に横須賀港は開港の指定を受け，1951年には重要港湾に指定された。1953年からは横須賀市が港湾管理者となった。しかし，旧軍施設の米軍による接収，新たに発足した自衛隊の駐屯などにより，軍港都市としての性格は残された。2001年（平成12）修正の地形図（図37）にも，米軍基地に広い範囲が使用される一方，中央に太い黒線が入った旗で示されている自衛隊関連施設が，5カ所存在する。表4にこれらの施設の概要を示した。

表4　横須賀市内の米軍施設と自衛隊施設
（1996年12月31日現在）

	施設名	面積（m²）
米軍施設	浦郷倉庫地区	194,303
	吾妻倉庫地区	818,811
	横須賀海軍施設	2,363,262
	小　計	3,376,376
自衛隊施設	海上自衛隊	963,919
	陸上自衛隊	1,029,122
	航空自衛隊	138,646
	その他の機関*	703,113
	自衛隊関係宿舎	148,575
	小　計	2,983,375
	合　計	6,359,751

*防衛大学校，防衛庁技術研究所など
市勢要覧（1997年版）より編集．

　新井掘割水路で隔てられ，島となっている大地の鼻付近の吾妻倉庫地区は，旧海軍吾妻島燃料・弾薬貯蔵庫を終戦直後の1945年（昭和20）に米軍が接収したところである。長浦湾を挟んで大山崎付近に吾妻倉庫地区と向かい合うように位置するのが浦郷倉庫地区である。1950年に旧海軍の火薬庫を米軍が接収し，弾薬物揚場や弾薬庫として使用されてきた。逗子市の池子弾薬庫への中継基地であったが，池子弾薬庫が閉鎖されてからは，艦艇などの弾薬の一時保管所となっている。

　横須賀本港を抱える横須賀海軍施設が，軍港都市横須賀の色合いを現在まで引きずっている象徴的な施設である。終戦直後の1945年9月に吾妻倉庫地区と同時に接収された。ここには旧日本海軍横須賀海軍工廠や鎮守府などが置かれていたことは，前述したとおりである。施設内には在日米海軍司令部がおかれ，米第7艦隊の補給・修理・休養基地となっていることはよく知られている。空母ミッドウェイ，動く海上基地と称されたインディペンデンスの母港として使用されてきたり，原子力潜水艦の寄港も回を重ねている。非核3原則の遵守，港内の放射能汚染，米兵の犯罪など，社会問題が頻繁に発生し，基地を抱える都市の悩みは深刻である。1997年9月には，「日米防衛協力のための指針」が合意され，日米安全保障条約に基づく枠組みが大きく変わり，日本側の軍事的役割が拡大した。例えば，イラクが国連の査察を拒否したことから，イラクと米国が対立し，1998年1月23日には，空母インディペンデンスが緊張の高まるペルシャ湾に向けて出港した。日米安全保障条約では極東が守備範囲であったが，中東への出港は極東の範囲を完全に逸脱している。

　現在の横須賀港は追浜から金田湾側の野比まで，海岸線延長約6万m，水域面積約55.4km²を有する。横須賀本港は全域が横須賀海軍施設水域に指定されている。長浦湾の長浦ふ頭は横須賀港が1948年に開港の指定を受けた当時から整備され，1951年と1965年に岸壁が完成した。戦後の食料の輸入港，捕鯨船基地，自動車輸出の基地として利用されてきたが，現在ではその機能を1974年に完成した新港ふ頭に譲っている。自動車や水産物（冷凍マグロ）などが取り扱われている。

　横須賀市では港湾の整備とともに，海辺ニュータウンの建設を計画している。計画されている地区

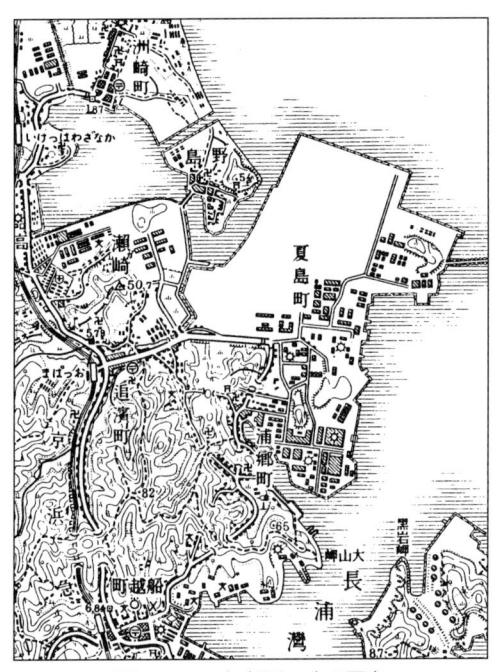

図38　1953年（昭和28）の夏島
（5万分の1地形図「横須賀」昭和28年修正，原寸）

は，地形図には平成町と記載されている付近の埋立地である。ここは1980年から埋立事業が開始され，1992年に粗造成が完成した。この計画では，職・住・遊・学の機能を複合させて配置し，潤いとにぎわいのある海辺のまちをつくることを目標としている。また，大規模な地震により道路が切断された場合を配慮して，海上交通の拠点となるべく耐震岸壁が平成ふ頭内に建設されている。

4. 平潟湾周辺部の変化

2000年修正の地形図では，かつては陸続きであった野島が，運河の開削によって島になってしまい，島であった夏島が埋め立てによって陸の中に取り込まれていることが読み取れる。この付近の埋め立ても軍用施設用地の確保が最初の目的であった。現在，日産自動車追浜工場が立地している埋立地の南部は大正年間に竣工し，1921年（大正10）には海軍の追浜飛行場として使用された。北部は第二次世界大戦中の飛行場の拡大に伴うものである。もちろん戦後には米軍により接収された。ただし，住友重機が立地する夏島の東側の埋立地は戦後の造成である。

1912年（明治45）の地形図（図36）を見ると，夏島周辺の埋立地の中に行政界がある理由が理解できる。埋め立てが軍用地の確保が目的で始まり，埋立竣工後その帰属が一部について告示されなかったことと，第二次世界大戦後に米軍により接収され，1959年（昭和34）に返還されたという経緯が，埋立地の帰属問題を引き起こした。しかし，この年内に神奈川県知事からの斡旋案が出され，夏島周辺の埋立地は一体として横須賀市に帰属し，工業用地として再利用されるようになった。

1994年修正の地形図には，かつての平潟湾のほぼ中央部に柳町と記入されている住宅地がある。この埋め立ては横浜市の施行で，1966年（昭和41）に竣工している。この埋め立てにより，平潟湾はわずかな水面を残すだけになり，景勝の地，金沢八景は現在では歴史に名をとどめるだけになってしまった。一方，図の北端には海の公園，八景島シーパラダイスという地名が見える。海の公園は埋立地の護岸に化してしまった海岸線を砂からなる海岸線に戻すべく行われ，護岸で囲まれた埋立地が広がる海岸に，人工的な砂浜海岸が造成された。八景島シーパラダイスは遊園地や水族館のあるテーマパークである。夏島が埋立地に取り込まれ，周辺を削られて，わずかに面影を留めている一方で，人工的に島が建設され，レジャーランドとなっている。実に奇妙な景観を見ることができる。

〔松田磐余〕

（参考文献）
神奈川県立金沢文庫編(1993)：『金沢八景　歴史・景観・美術』，神奈川県立金沢文庫．
松島義章(1996)：「貝類群集による完新世の環境変遷－横浜南部金沢八景の平潟湾を例にして－」関東平野，第4号．
横須賀市史編纂委員会編(1957)：『横須賀市史』，横須賀市役所．

東海道の要から箱根観光のゲートウエー

小田原市

写真15 新装になった小田原駅

　小田原は神奈川県西部に位置し，人口20万人の商工業の中心都市であり，1940年（昭和15）に市制が施行された。戦国期から江戸時代を通じての城下町および東海道五十三次の宿場町，交通の要衝として発展してきた。明治以後は東海道線の開通とともに発展し，新幹線も停車するようになり，日本最大の観光地となっている富士箱根伊豆国立公園の玄関口の一つとして観光の拠点となっている。

　小田原は富士山，丹沢山地，箱根火山を水源とする酒匂川がつくる足柄平野の三角州上にあり，関東平野と箱根山地の遷移点にあたる。小田原城は箱根火山の軽石流の末端上にのっている。足柄平野の東は，地図の右上を通る国府津—松田断層によって大磯丘陵に区切られた狭い平野である。

1. 戦国期から近世へ——小田原城の変容

　室町時代に大森氏が八幡山に山城を築き，それを引き継いで1495年（明応4）北条早雲がさらに城を整え，曲輪で囲い，関東一円支配の拠点とした（図42）。その後，城は数回にわたって拡張されて水濠で囲まれた平城となっていった。戦国期の城としては東国最大といわれ，町や市をもとりこんだ総構の形をとり，北条氏の末期には周囲約8kmにわたる大外郭が完成した。西南は早川，北側は明治期の谷津村にあたる尾根筋に，北東側は山王川に囲まれた自然の要害の地に形成されていたという。この城の堅固な構造のために上杉謙信，武田信玄はここを攻めきれず，秀吉も小田原攻めが難航したので，後に京都のお土居や大坂城の外郭型の囲郭に応用したといわれる。また，早川をはさんだ南側にある石垣山（241m）は秀吉が小田原攻めの拠点とした「太閤の一夜城」といわれるものの址であり，今では歴史公園として整備されている。

　徳川家康は関東支配の拠点にこの地を使わなかった。小田原城は江戸時代初期にいったん部分的に取り壊されて縮小された後に，1632年（寛永9）から稲葉正勝が入り，近世の城として天守閣をはじめ，本丸，二の丸，三の丸を整備して4万石の規模として建造されたものである。大久保氏の時代が長く最大11.3万石の規模をもっていた。この城には歴代徳川の親藩大名が置かれて，江戸への関門として重視されてきた。1870年（明治3）に廃城になって取り壊されたが，二の丸は小田原・足柄県庁（明治

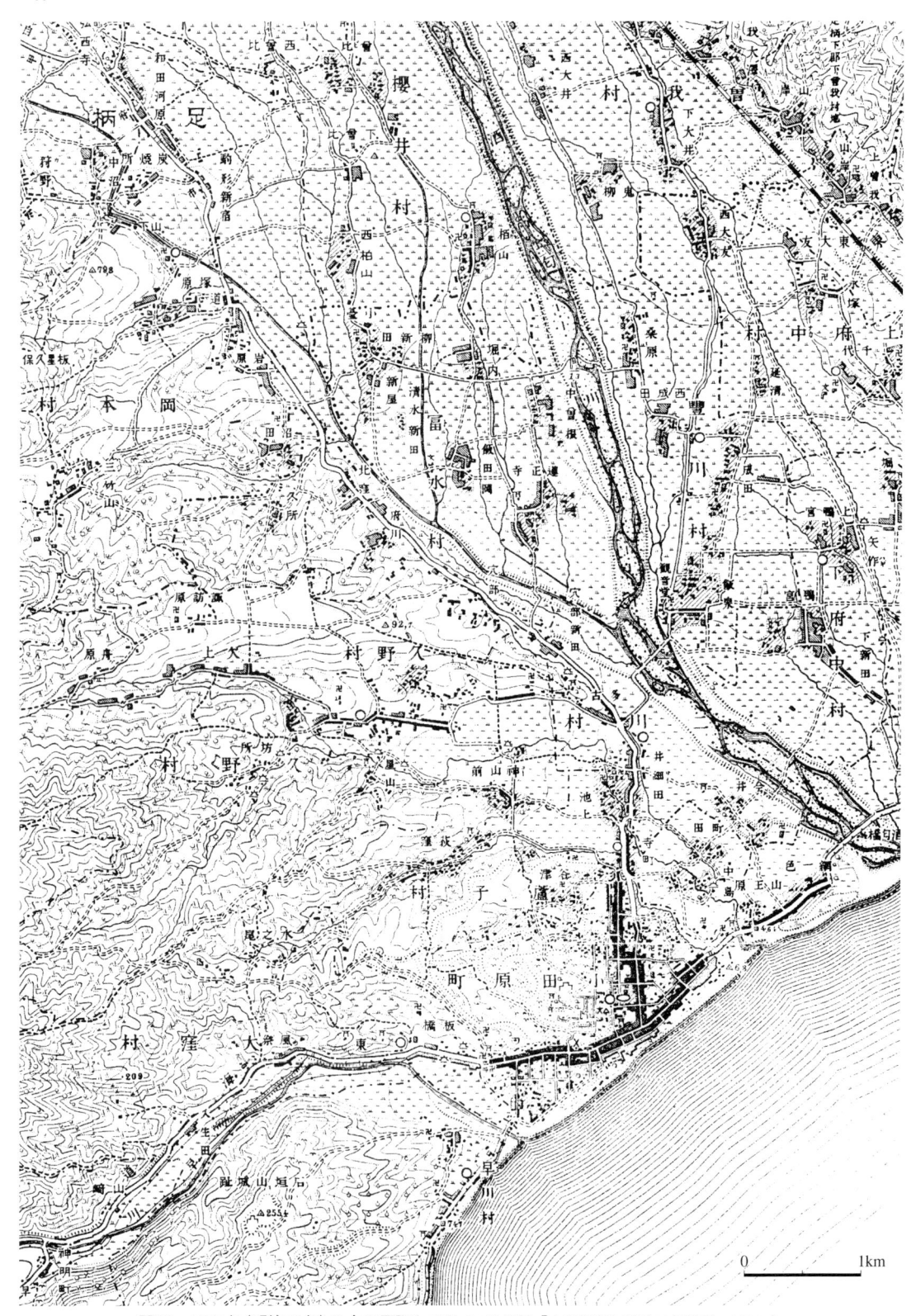

図39　1896年（明治29年）の小田原町（5万分の1地形図「小田原町」明治29年修正，×0.97）

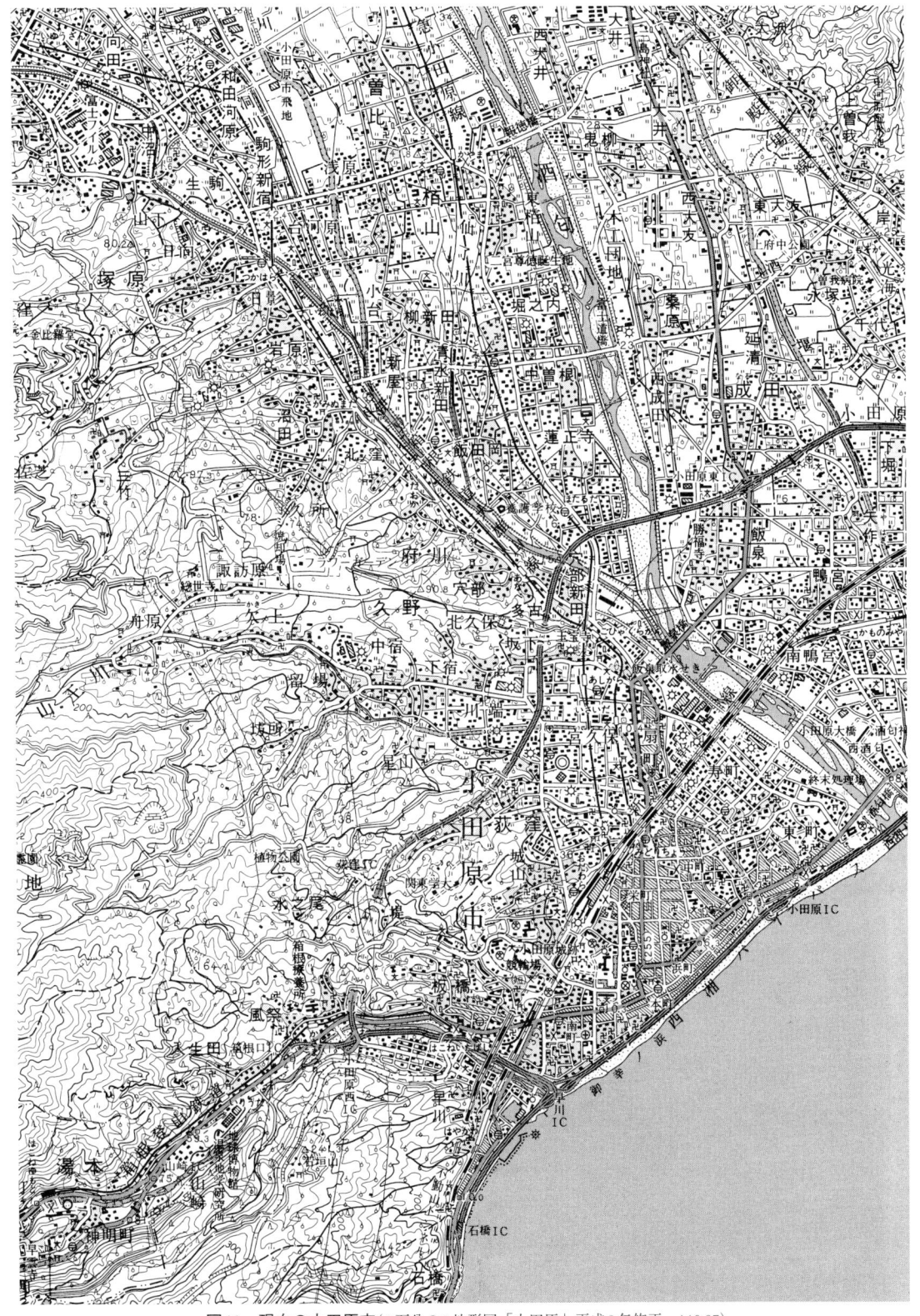

図40　現在の小田原市（5万分の1地形図「小田原」平成8年修正，×0.97）

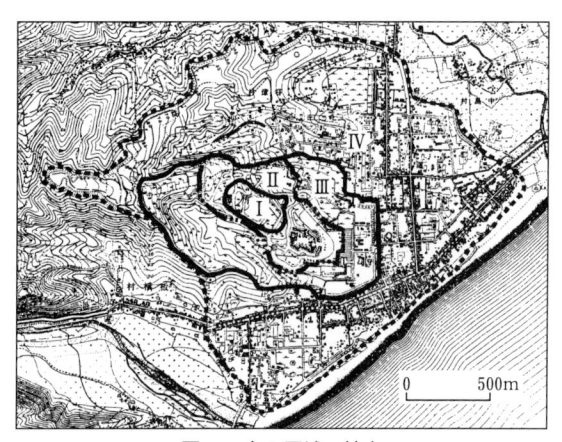

図41 小田原城の拡大
明治19年測図（2万分の1）地形図に市村高男の図を重ねる．北条早雲入城時から末期まで，4段階の拡大．

4～9年），その後神奈川県支庁所在地，さらに皇室御用邸として使われてきたが関東大震災で被害を受けて廃止された。三の丸には現在三の丸小学校，消防署，警察署，市民会館があるが，かつては北の荻窪に移転した市役所，税務署が，また東町へ移転した城東高校があった。二の丸には旭丘高校と駐車場（もと野球場），図書館，郷土文化館が建設され，本丸は公園として文教地区として整備されている。1960年（昭和35）には町のシンボルとして天守閣が復元され，その後も堀や常盤木門，銅門の復元工事が進んでいて，国の史跡に指定されている。ここでは毎年5月には大名行列が行われる。山城の地区も一つの高等学校をはじめ，中学校，城山公園，陸上競技場，競輪場に使われている。

2．東海道五十三次の宿場町

かつて東海道は，北西部に当たる足柄峠（759m）を越える足柄越えを本道とした時代には御殿場（図幅外）と図北西隅の関本とが宿駅であり，三島からの箱根越えは箱根峠が855mと高度が高く，道も険しかったので，間道として使われていた。1707年（宝永4）の大噴火（噴出量8億㎥，富士山の噴火としては最大規模）により足柄道が閉鎖されて，箱根道が本道になってから小田原が宿場町として栄えてきた。現在にも残る石畳の舗装がなされたのは江戸末期のことである。

小田原宿は東海道53次の江戸から10番目の宿場町で，岡崎や駿府（静岡）など他にも城下町と宿場町の組み合わせはあるなかでも，最大規模の宿場であった（図42）。宿は東側の山王口から西の板橋口までおよそ2kmの城内にあり，1843年（天保14）に本陣4，脇本陣4（本陣，脇本陣合わせて8軒という宿は他所にはない，次は6軒），旅籠95，総戸数1542戸という記録がある。それは"天下の険"箱根越え（標高差約750m），箱根八里（関所まで約20km）をひかえた交通の要の宿場であったから，旅人は必ず宿泊したのである。普通に歩くと江戸から2日目の宿であった。しかし，幕府の保護はあったものの人足100人，馬100匹を配置する体制は町人や助郷制度（周辺79村が指定）による地元の負担が大きく，幕末には町は衰退していたという。地図からも読み取れるように，街道筋の宿場町の街並みの姿は，現在も栄町，浜町，本町，南町とつづく道路に残されている。

3．工業化の進展

明治期には製糸工場を中心に繊維工場がこの地域に増えた。とくに明治30年代には工場ラッシュとも呼ばれる現象がみられた。大正時代には近代工場が立地するようになる。1916年（大正5）の小田原製紙，1917年の小田原紡績（1938年に富士写真フイルムになる）が進出，昭和になると酒匂川の水を利用した化学工業が，小田原の郊外から南足柄市にかけての低地に立地しはじめ，1960年代の高度成長期から大工場も増加していった（表5）。フィルム，医薬品，化粧品といったファインケミカル部門

図42 江戸時代（末期）の小田原の地名（岩崎宗純：『江戸時代の小田原』，1980所収の中村静夫原図）

が多く，それに次いで，やや遅れて第二次世界大戦期から進出してきた電気機械工業の工場が多い。1940年（昭和15）の明治製菓（ビスケット），1948年には日本たばこ産業（現 JT）が立地した。ここは京浜工業地域の外延部の西端に位置し，大市場である首都との結びつきが強く，県下では第7位の生産額である。

一方，市内には古くからの伝統をもつ工業が盛んである。箱根細工は旧東海道の街道筋と湯治場を中心に生産されていたが，箱根地域の観光化が進むなかで生産地も市場もともに拡大してきた。

かまぼこ生産は箱根観光のみやげ物として発展している。とくに小田原かまぼこは，原料にグチなどを使用することで特色を出し，箱根温泉の発展とともに有名になった。現在15軒が小田原蒲鉾水産加工業協同組合に加盟している。市街地南部の早川の河口に小田原漁港と水産市場があり，近海ものの水揚げがなされ，みやげ物の干物にも加工されている。この図幅の左上隅にみられる曾我地区は梅の名所として知られるが，その実を使ったうめぼしも特産品の一つに数えられる。

表5　市内の主要工場

	事業所名	業務開始年		事業所名	業務開始年
化学	コニカ	1933	機械・輸送	園池製作所	1964
	富士フイルム	1938		湯浅化成	1966
	湯浅電池	1941		日立製作所	1966
	三国工業	1944		アマダメトレックス	1975
	クミアイ化学工業	1953		三喜工業	1980
	柳屋本店	1955		日本電気ホームエレクトロニクス	1982
	鐘紡	1960			
	三共有機合成	1963	食品	明治製菓	1940
	明治製菓（足柄）	1963		神奈川日冷	1943
	日本新薬	1964		日本たばこ産業	1948
	ライオン	1964	繊維	大同毛織	1953
	鐘紡（鴨宮）	1972	その他	大蔵省印刷局	1941
	化成オプトニクス	1979		ピーエス・コンクリート	1953
	三共	1979			
電気・	トリニティー工業	1948		久保田鉄工	1960
	ヤギシタ電機	1950		共同印刷	1964
	三ツ星電器製作所	1964		YKK神奈川	1984

（小田原市教育研究所：『小田原』，1993年，p.207による）

4. 交通の発展と観光拠点としての小田原

　富士箱根伊豆国立公園は1936年（昭和11）に指定され，年間1億人近い観光客が利用する日本最大の観光地である（図39，40）。小田原はその玄関口として存在する。市内に宿泊施設は多いが，大温泉街を形成する箱根への観光拠点である。箱根温泉は508万人の宿泊客（1997年，「温泉」67-7，1999による）のある日本でも最もポピュラーな温泉（熱海・別府を超えて1989年以来第1位の温泉地）である。ＪＲ小田原駅前には地下商店街を含む観光客向けの土産物店，飲食店が並ぶ商店街が成立している。

　湯本はすでに江戸時代の寛永期から知られ，箱根七湯（湯本，塔之沢，宮ノ下，堂ヶ島，底倉，木賀，芦之湯）は東海道を通る旅人にも利用されていた。明治初めにはドイツ人の医者ベルツによって温泉が医療用に有効であるという提言があった。彼の提唱するようには開発されなかったが，ここが保養地として注目されてきた。

　1888年（明治21）に小田原馬車鉄道が国府津〜湯本に敷かれた。この馬車鉄道が，1900年（明治33）に小田原電気鉄道（現箱根登山鉄道）となり，電車が走るようになって町が開けてきた。大正時代になると1919年（大正8）に湯本〜強羅間のスイッチバック式の登山鉄道や，1921年にはケーブルカーが敷かれて交通が容易になり，昭和になると，1927年（昭和2）小田原―東京新宿間が小田急電鉄によって結ばれて東京方面との交通が便利になり大涌谷，宮城野，大平台などと次第に奥地まで開発されていった。この路線は戦後の1950年（昭和25）に箱根登山鉄道に乗り入れて，新宿―湯本間の直通運転が行われるようになり，さらに1957年には座席指定の特急ロマンスカーを運転して，観光客を輸送することに力を入れ始めた。なお1925年（大正14）には小田原―関本間の大雄山鉄道（現伊豆箱根鉄道）が開通している。

　1889年（明治22）東海道線が国府津から酒匂川沿いに御殿場まで（現ＪＲ御殿場線）伸びると，小田原の交通要地としての地位は転落してさびれていった。しかし，東海道線の時間を短縮（11.7km，その当時として80分）するために1916年（大正5）に熱海経由の丹那トンネル工事が着工されて，7.8kmの難工事の末に1934年（昭和9）開通すると，再び交通の拠点としての地位を取り戻した。明治以来もともと東京方面からの保養地，別荘の開発によっての客が増えてきた箱根であるが，1964年に新幹線が開通してからは関西からも便利になって利用客は増加している。図40の地形図下の箱根湯本（箱根町）から早川の谷沿いに登山鉄道に沿って17種類の温泉が湧き出る温泉集落が続く。旅館数（日本観光旅館連盟加盟およびＪＴＢ協定旅館）は78軒，3,068室とそれほど多くはないが，歴史的には早くも1878年（明治11）に外国人向けの本格的なホテル（冨士屋ホテル）がつくられたという伝統をもっている。

　戦後は企業や各種組合の保養地が設けられてきたが，バブル経済の崩壊とともに90年代後半から企業のリストラによって減少している。家族連れでも団体でも楽しめる温泉として人気は高く，関東地方からの日帰り客も含めて気軽に行ける保養地の一つとしてにぎわっている。

〔松田松男・寺阪昭信〕

（参考文献）
小島道裕（1996）：近世城下町の成立．石井　進・千田嘉博編『城の語る日本史』，朝日新聞社．
鈴木照男（1988）：神奈川県地場産業の変容．小川一朗編『東京大都市圏の地域変容』，大明堂．
小田原市（1995）：『小田原市史　別編・城郭』．

水陸交通の要衝地から県央の中核都市へ

厚木市

写真16　厚木サテライトビジネスパークのメインタワー

1. 宿駅，河港，市場町

　相模平野を流れる相模川右岸の厚木の市街地は，図43，44からも読み取れるように，江戸時代に相模川左岸の河原口から南の岡田，酒井に抜ける矢倉沢往還（大山道）の宿駅として発達した。また，ここは南の岡田から厚木を経由して北の金田へ続く八王子道，厚木から妻田・荻野を経由する甲州道，厚木から飯山を経由する丹沢道なども通る陸上交通の結節点であった。しかも，厚木は相模川支流の中津川と小鮎川が合流する相模川水運の中継地として河岸場が形成され，農林水産物の物資の集散地でもあった。物資の集散は，近郊近在のみならず遠く江戸や甲州，信州などとも結びついており，そのため近郊農村の市場としても発展してきた。

　このように厚木は，水陸交通の要衝の地として，江戸時代からこの地域の中心的な町として発展してきた。このことは，明治初期に編纂された『皇国地誌』の物産の項に記されている物産名からもうかがえる。すなわち，米・大麦や蔬菜などの農産物のほか，荏子油・胡麻油・豆腐・雪花菜・飴・蒟蒻・繭・綿・煎餅・羊羹・刻煙草などの農産加工品，香魚・鰻・泥鰌・田螺などの魚介類，箪笥・鏡台・針箱・傘骨・醤油樽・盥・風呂桶・手桶・荷桶・米櫃などの木工品，釘・鍬・鎌などの鉄製品，油滓，酒滓，醤油滓，米糠などの製品加工残物（肥料・飼料・食品などに再利用）などが生産されていた。しかも，厚木はこれらの産物の大部分が，この地域の村々のなかでも最上位を占めており，家具・道具類などは厚木だけにみられ，商業の中心地であったことがわかる。

2. 近代化への離陸

　明治時代には，郵便取扱所（1873年，1876年に郵便局に変更），警察署（1893年），公設消防組（1895年），県蚕種検査所（1896年），県第二区土木派出所（1899年），県立第三中学校（1902年），蚕業予防事務所（1905年，1912年に蚕業取締所，1956年に厚木蚕業指導所に変更）などが設置され，近代化に向けた施設の整備が推進された。さらに，これを受けて駿河銀行厚木支店（1910年）の開設，厚木電気

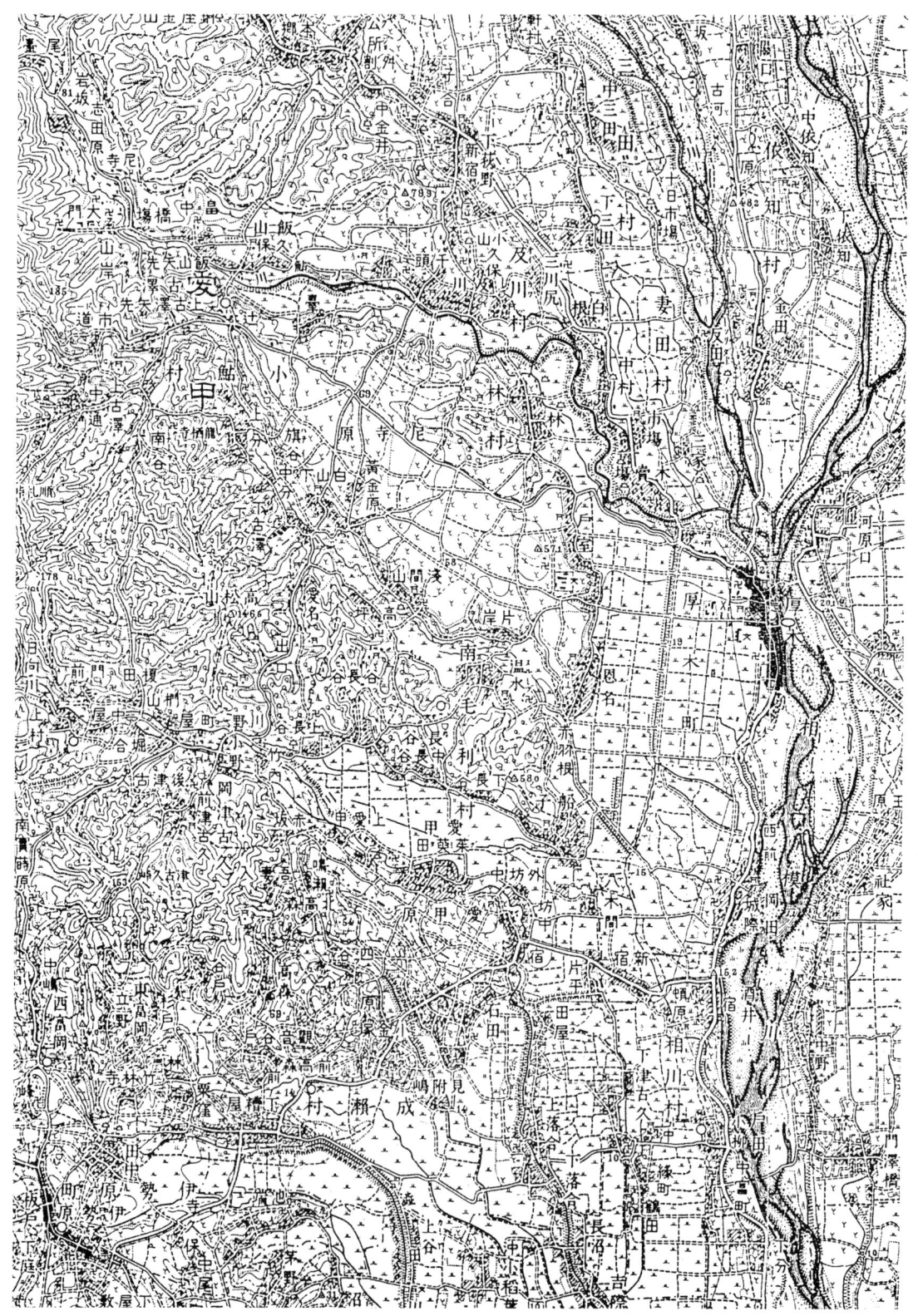

図43　1909年（明治42）の厚木町（5万分の1地形図「藤沢」明治42年測図，原寸）

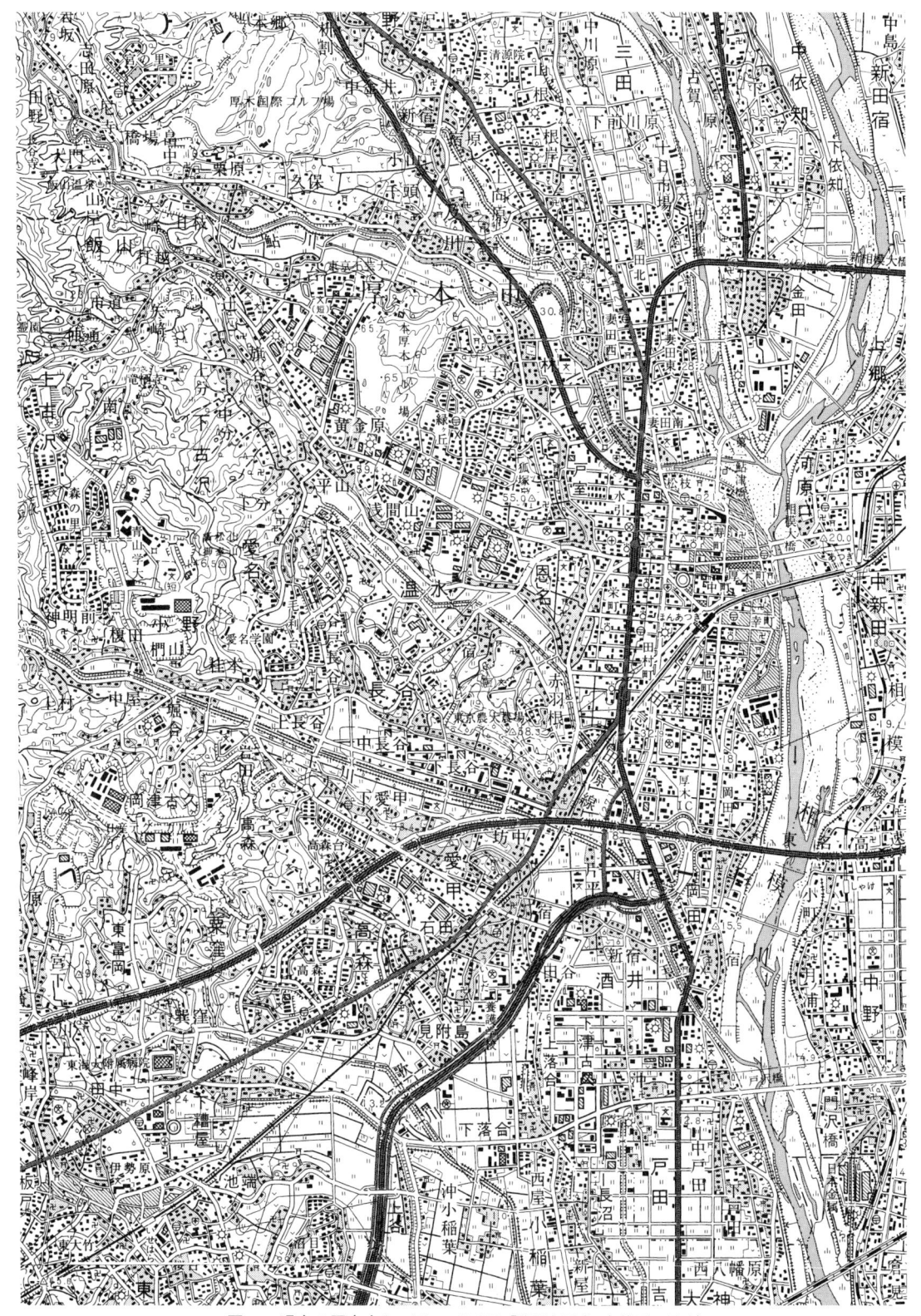

図44 現在の厚木市（5万分の1地形図「藤沢」平成9年修正，原寸）

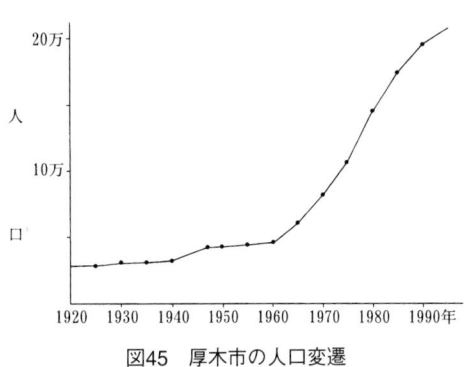

図45　厚木市の人口変遷
（厚木市「統計あつぎ」平成10年版より作成）

会社（1912年）の開業が続き，1908年（明治41）には渡舟場に木製の相模橋が架橋され，渡舟が廃止された。

大正時代になると相模橋が鉄橋に架け替えられ（1913年），それまでの馬車による旅客輸送から，乗合自動車の路線が厚木～平塚間（1914年），厚木～横浜間（1916年），厚木～藤沢間（1918年）にそれぞれ開通している。昭和時代になると，1927年（昭和2）に小田原急行鉄道（現　小田急電鉄）が開通し，相模厚木駅（現　本厚木駅）が開設された。

第二次世界大戦までの厚木は，上述のように近代化に向けてさまざまな整備が行われてきたが，関東大震災や第二次世界大戦のためめぼしい発展をみることはなかった。わずかに，相模川左岸の相模原台地（相模原市）や右岸の中津原台地などを中心に，1890年代頃より1940年代前半にかけて養蚕が発展した。しかし，厚木は蚕，繭，生糸などにかかわる施設が整備されたが，町としてはさほどの発展を遂げることはなく，農業に基礎をおく伝統社会の色彩を色濃く残す近隣農村地域のなかの中核的な町にすぎなかった。

3．近代都市への変貌

厚木が近代的な都市として発展を遂げる契機となったのは，1955年（昭和30）の周辺村々との合併による市制施行，1960年の工場誘致条例の制定，1966年の小田急線急行大型8両編成（新宿～本厚木間）の運行，1968年の東名高速道路の開通に伴う厚木インターチェンジの設置と翌年の小田原～厚木道路の全線開通，1969年の東名高速道路の全線開通などである。

この期間の状況を人口の推移と土地利用の変化から探ってみよう。1920年から1995年の75年間についてみると（図45）1960年を境に急変している。また，DID（人口集中地区）人口比も，1960年に27.6％，1970年に34.7％，1980年に50.8％，1990年に77.3％、1995年には92％になっている。

一般に中枢管理機能や工業機能，情報機能，物的流通関連機能などの集積が労働力の集中をもたらし，それが商業機能の集積を促し人口の増加に結びつく。厚木における人口の急激な増加は，東京におけるこれら諸機能の過度集積と人口の過度集中が，周辺地域に向けて外延的に膨張した結果である。そして東京の外延的な膨張は，周辺地域の土地利用や経済的社会的諸指標に変化をもたらす。東名高速道路厚木インターチェンジの建設は，工業機能や流通関連機能の東京や横浜からの分散を引き起こす契機となり，一つの結節点を形成して，人口移動のプルファクターとして機能した。

そこで，この時期の土地利用変化と工場進出状況をみてみよう。厚木市の中心地域である相模川低地と，その西にある尼寺が原台地の土地利用変化を1961年，1965年，1971年の3時期についてみたのが図46である。1961年段階の土地利用は，大部分が農業用地と林地によって占められていて，都市的土地利用率は10％程度にすぎない。尼寺が原台地には，戦時中に立地した厚木自動車部品工業（現ユニシアジェックス）を中心にした工場と県立厚木高校が分布するのみである。一方，相模川低地には，小田急本厚木駅周辺に市街地・住宅地が分布している。市街地の工場は，戦時中に立地した相模ゴムを除けば，日本バルカーやソニー厚木工場などが戦後に立地している。とくにソニー厚木工場は

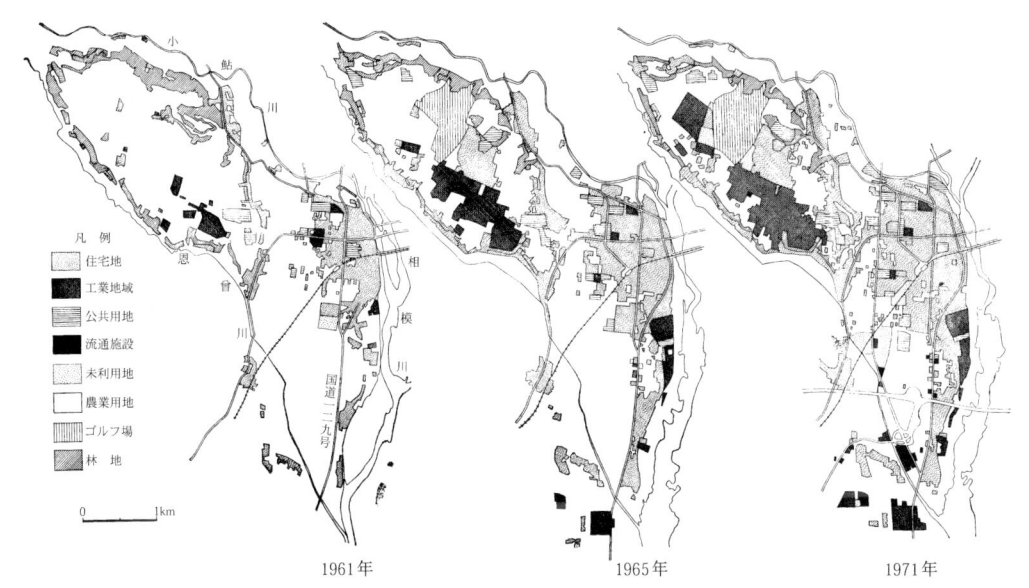

図46 尼寺が原台地と相模川低地の土地利用の変化 (高木・橋本, 1973)

1960年に建設され，1961年段階では現在のような様相を示していない。

1965年段階の都市的土地利用地域は，著しい拡大・変化を示している。尼寺が原台地では大きな工場が立地し，これに隣接して緑が丘住宅と本厚木ゴルフ場が成立している。緑が丘住宅は職住近接構想に基づく工場通勤者用住宅を前提に建設された。企業進出は，基本的には1960年の企業誘致条例の制定と，同年の東名高速道路建設法の公布によって促進された。すなわち，高速道路建設によるメリットと市当局による進出企業優遇策とによって，企業の積極的な工場建設が図られた。相模川低地では，駅の北側に住宅を中心に都市的利用地域が拡大しているが，南側では国道129号線沿いに高速道路の輸送・交通上の至便性を先取りするかたちでの工場・流通施設の進出に大きな特徴がある。

1971年段階では一層の拡大的変化を示し，尼寺が原台地と相模川低地ともに都市的土地利用率が50%を超えている。相模川低地の北では住宅地の膨張が，南では工場・流通施設を中心とした膨張が進行している様子を示している。これは，1966年11月の急行電車の運行，運行本数の増加などによる東京通勤圏への編入が，北に住宅地を膨張させ，また1968年の東京～厚木間の東名高速の部分開業とインターチェンジの営業開始で，南に工場と情報・流通施設を進出させたことによる。このように厚木市の発展は，1960年から1970年の人口急増と，1961年から1971年の急激な土地利用変化に示されている。これは，この時期に厚木がそれまでの農業に基盤をおく伝統社会の中心的な町から，工業に基盤をおく近代社会の都市として変貌を遂げたことを示唆している。

4．東京大都市圏における自立都市圏の核都市へ

1970年代になると，大規模住宅団地（鳶尾住宅団地，松陰団地，毛利台団地など）や厚木流通団地が造成される。また，近代的な都市づくりに向けて本厚木駅舎の改造，線路・道路の連続立体化，中心市街地の再開発，国道129号バイパス開通や国道271号（小田原厚木道路）の拡幅，市役所における下水道・都市開発部門の強化などが推進された。人口はさらに増加し，1980年には増加率33.4%で神

奈川県下第2位を示した。東京・横浜への通勤通学の利便性を高めるために，1978年には小田急線と営団地下鉄千代田線の相互乗り入れが行われた。その一方で，1955年に全就業人口の54％を占めていた農業就業人口は，1970年には11.3％，1975年には5.5％，1980年には3.7％にまで減少した。

　1980年代になると，厚木はより高度な都市，21世紀の知識産業社会に向けた都市づくりへの転換を果していく。1980年代前半には研究学園都市の「森の里」が造成され，青山学院大学，松蔭女子短期大学，ＮＴＴ研究センター，富士通研究所，キャノン研究所などが進出してくる。厚木が次の世紀に向けて大きく転換していく契機になったのは，1985年に策定された首都改造計画である。この計画は，国土政策の一貫としての首都改造を図るために，東京大都市圏を多数の核と圏域からなる多核多圏域型地域構造を形成し，これを基調とした連合都市圏として再構築することを目標として掲げている。厚木はこの計画の中で副次核都市として位置づけられ，自立都市圏を形成する核都市として，県内では横浜，川崎とともにその一角を占めることになった。

　このような位置づけを得る背景には，道路交通面でのきわめて高い結節性と都市的集積面での高い都市拠点性とがある。高い結節性は東名高速道路，小田原厚木道路や計画段階の自動車専用道路である第二東名自動車道，武相幹線，さがみ縦貫道路によって厚木が幹線道路網の結節点となることによる。高い都市拠点性は人口に比較して産業集積がきわめて高く，とくに高度技術系生産機能，研究開発機能，高次教育機能，物流機能などの集積が顕著で，都市としての先導性をもっていることによる。

　このような特性によって，厚木は自立都市圏の核都市として，1986年にテレトピア構想（郵政省指定），1987年にインテリジェント・シティ（建設省指定），1988年にハイビジョン・シティ構想（郵政省指定），テレコムタウン（郵政省指定）などの指定都市となっている。これらの指定を受けて，1995年には厚木インターチェンジ近くに厚木サテライトビジネスパークが完成している。厚木は高度情報化に向けた高度都市化を通して，県央の中核都市として発展しつづけている。

　ここに述べてきたように，明治期以降，農業に基盤をおく自給的な農村社会の中心的な町が，1960年代以降になると工業機能と物流機能の集積を積極的に推進し，近代的な都市として大きく変貌を遂げるようになった。1980年代以降になると，さらに情報機能と研究開発機能，高次教育機能の集積を推進していく。明治期以降，厚木は1960年代と1980年代の2度にわたる地域の編成替えを行ってきた。この地域再編成は，近代日本が辿ってきた発展と軌を一にしている。

〔髙木勇夫〕

写真17　「森の里」の学術研究施設の案内版

（参考文献）
髙木勇夫・橋本真司（1973）：土地利用と人口形態からみた厚木市地域変容．日本大学自然科学研究所「研究紀要」第8号．
「角川日本地名大辞典」編纂委員会（1984）：『角川日本地名大辞典　神奈川県』，角川書店．
厚木市（1999）：『統計　あつぎ』平成10年版．

台地のアイデンティティ

相模原市

写真18　JR相模原駅　駅ビル

　相模原は日本の都市の中で20位以内にランクされる大都市である。しかし，この大都市を象徴する場所はどこかと問うと，人によってその答えはちがう。相模原を東京の衛星都市とみなす人は小田急線の相模大野を，中央業務地区（CBD）に注目する人はJR横浜線の相模原を，電機・機械工業の都市として相模原を考える人はJR横浜線と京王相模線の乗換駅の橋本を，伝統的な集落で相模原を代表させる人はJR相模線の上溝を，それぞれ選ぶにちがいない。このことから，相模原はしばしば「核のない都市」といわれてきた。なぜ，核のない大都市ができあがったのであろうか？

1．地域アイデンティティの危機

　相模原台地の景観は，明治以降，大きな変化を遂げてきた。相模原台地の景観をつくった画期は，1941年（昭和16）の相模原町の成立であろう。それは，高座郡の2町（上溝，座間）6村（相原，大野，大沢，田名，麻溝，新磯）の合併を指すだけではない。これら町村を国策の名のもとに合併させた軍都計画が，相模原台地の景観の転機をつくった。軍都計画時代から今日に至る相模原台地の景観の連続性は，軍関係施設で顕著である（図50）。軍都計画時代には，相模原住民は自ら景観を形成する主体としての役割を大きく制限された。現在の「つぎはぎ」状の都市計画と「核のない都市」という相模原の特徴は，この台地のアイデンティティの危機がもたらした帰結なのである。

　例えば，陸軍士官学校は米軍座間キャンプ（未返還）へ，相模陸軍造兵廠は米軍相模原補給廠（未返還）へ，相模原陸軍病院は米軍医療センター（現 ロビーシティ）へ，電信第一連隊は米軍相模原住宅（未返還）へ，陸軍機甲整備学校は米軍淵野辺キャンプ（現 宇宙科学研究所ほか）へ，陸軍士官学校練兵場は米軍座間小銃射撃場（現 相模原公園ほか）へ，それぞれ移行した。この他に，臨時東京第三陸軍病院（現 国立相模原病院），陸軍兵器学校（現 防衛庁技術研究所），陸軍通信学校（現 相模女子大）が，戦後に関連施設として引き継がれている。

　軍都計画の景観への影響は，道路網や地名にもあらわれている。まず相模原で最も道幅の広い道路は，相模原補給廠正門から市役所前を通って上溝にいたる街路（縦軸）と，横浜線に平行して走る国

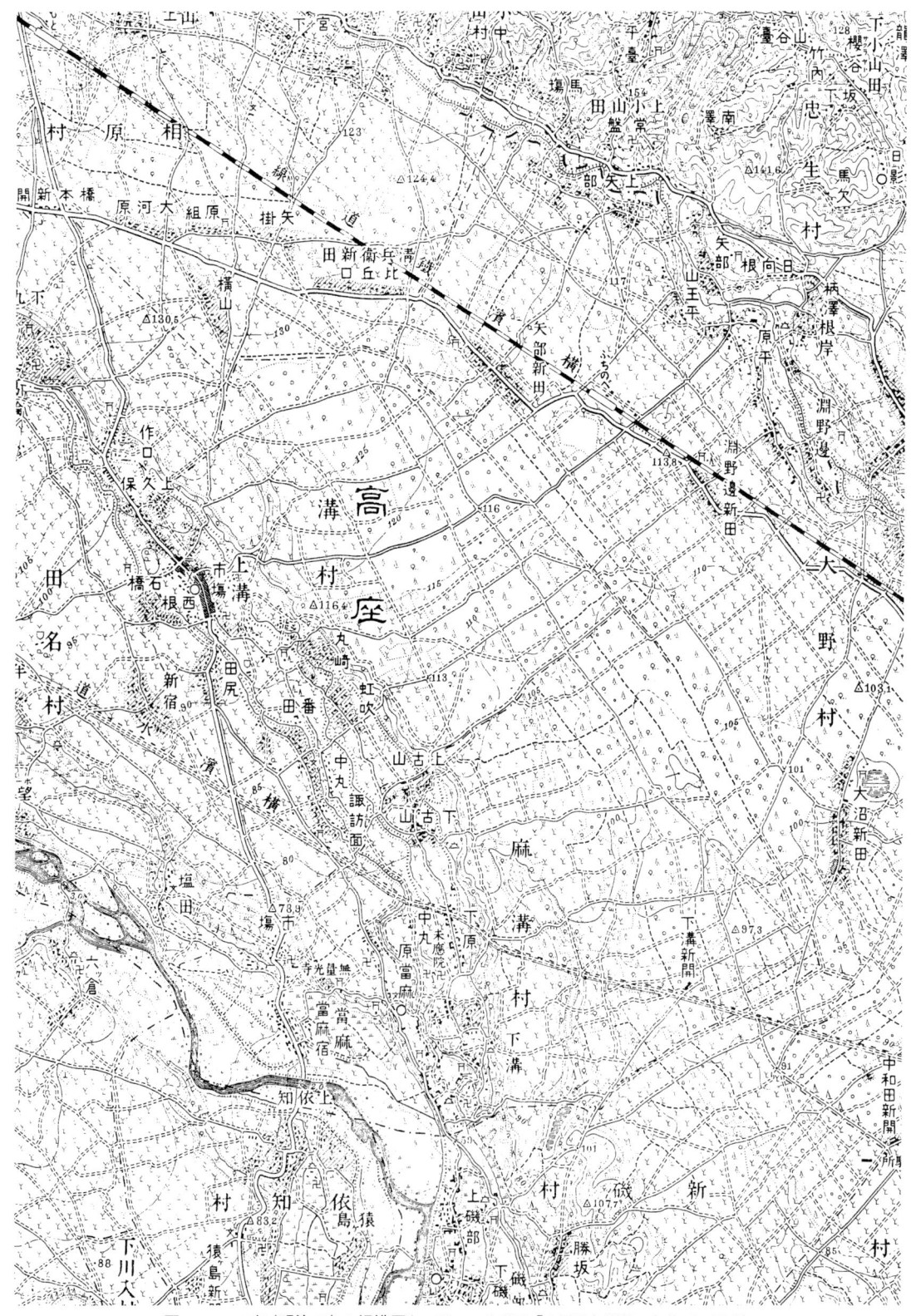

図47　1912年（明治45）の相模原（5万分の1地形図「八王子」明治45年修正，原寸）

図48　現在の相模原市（5万分の1地形図「八王子」平成12年修正，原寸）

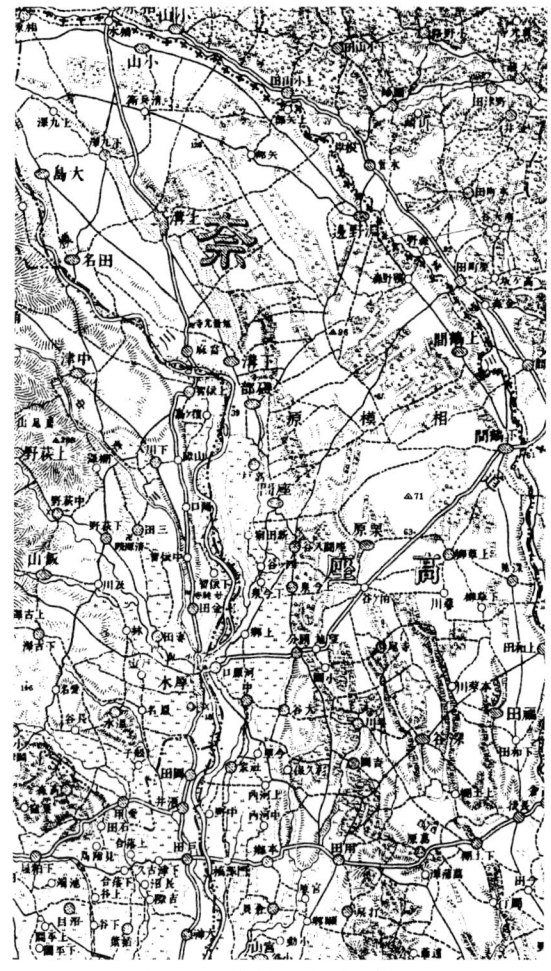

図49 明治中期の相模原台地
(20万分の1輯製図「東京」明治21年輯製版，原寸)

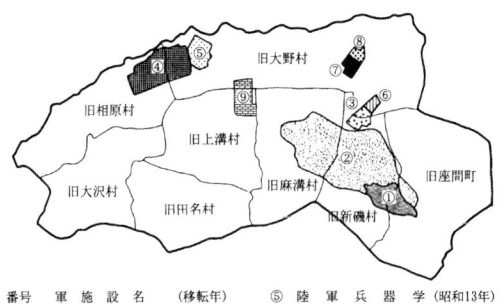

図50 軍都計画時代の軍諸施設配置図
(相模原市:『相模原市と米軍基地』，1989年，p.7による)

番号	軍施設名	(移転年)	⑤	陸軍兵器学	(昭和13年)
①	陸軍士官学校	(昭和12年)	⑥	電信第一聯隊	(昭和14年)
②	同上練兵場	(昭和12年)	⑦	陸軍通信学校	(昭和14年)
③	臨時東京第三陸軍病院	(昭和13年)	⑧	相模原陸軍病院	(昭和15年)
④	相模陸軍造兵廠	(昭和13年)	⑨	陸軍機甲整備学校	(昭和18年)

道16号線(横軸)であり，軍都計画時代に，この二つの街路を基線として約50m間隔で碁盤目状の街路がつくられた(図52)。さらに，星が丘は旧陸軍従業者の住宅地であったため，陸軍の象徴(星)にちなんで名づけられたものであり，相武台(そうぶだい)は昭和天皇が陸軍士官学校に行幸した際，相模の武官を意味する土地として命名されたものである。

2. 台地の意味の変容

それではなぜ，相模原台地が新たな軍都として選ばれたのであろうか。また，軍都計画時代以前のこの地域のアイデンティティとは何であったのであろうか。

軍都計画以前の高座郡の2町6村はいずれも相模原台地の上にあり，台地特有の条件を共有していた。その意味では，相模原町の成立まで地域アイデンティティの危機はなかった。明治の地形図の等高線を注意深く見ると，相模川が形成した3段の河成段丘(相模原面，田名原面(たなはらめん)，陽原面(みなはらめん))を確認することができる。

明治の相模原台地には，一面，桑畑と雑木林が広がっていた。そこは関東ローム層に厚くおおわれて井戸水が得にくく，やせた土地であったからである(図51)。河成段丘では段丘面で水が得にくく，段丘崖で湧水があった。台地上には宙水(ちゅうみず)が得られた大沼新田(1667年)を皮切りに，矢部新田(1673年)，淵野辺(ふちのべ)新田(1817年)，清兵衛(せいべえ)新田(1856年)が，また明治時代に橋本新開(1870年)，篠原新開(1877年)，中和田(なかわだ)新開(1881年)，下溝(しもみぞ)新開(1884年)，谷口新開(1887年)，中村新開(1888年)が開拓された。明治期までの相模原台地の集落は，桑畑からなる生糸生産をおもな生業としていた。上溝には八王子，原町田に次ぐ規模の市場が開かれ，そこで横浜港向けの生糸が取引された。

図47の明治の地形図で，いくつかの直線が目につく。直線は，どこか外部の地域に向かう最短経路

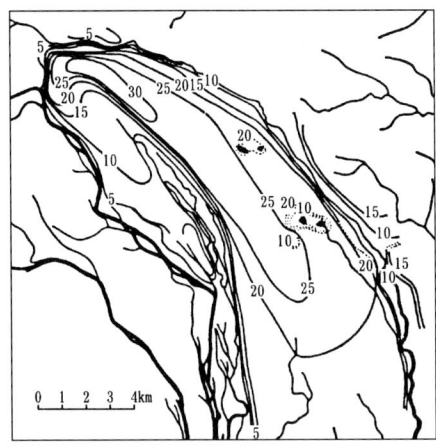

図51 地表より井底までの深さの分布
(単位m，点線は中井戸)
(辻本芳郎：地下水より見たる相模原の集落．地理学評論13，1937年，pp.913-928による)

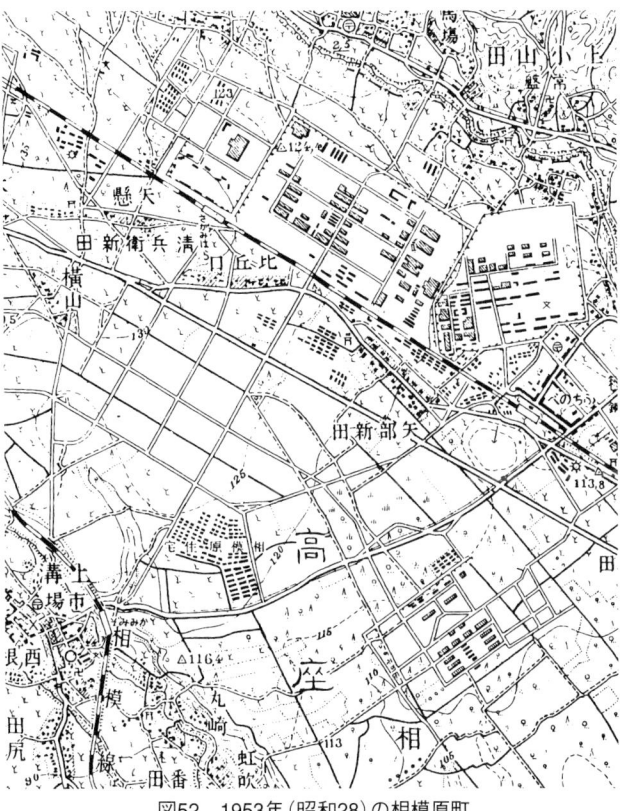

図52 1953年(昭和28)の相模原町
(5万分の1地形図「八王子」昭和28年修正，原寸)

である。例えば，横浜線や横浜水道がある。横浜線は1909年(明治42)の東神奈川～八王子間で全通した。この鉄道が敷かれたのは，当時の主要輸出品であった生糸を，長野や山梨などの内陸地から最短で横浜港に搬出しようとしたためである。台地の雑木林は，直線路を建設しやすかった(1927年に新宿～小田原間で開通した小田急線は，相模原台地南部をやはり直線で通過した)。そして，横浜水道は横浜線とほぼ平行しながら，直線的に建設されている。相模川上流の津久井郡三井村から横浜市野毛山に至る全長49.5kmの水道は，神奈川県が1888年(明治21)に英国人土木技師パーマーに依頼してつくったものである。これは横浜の開港以来，急増していた横浜の人口を支えるために行われた工事である。

このように相模原台地は，軍都計画を行うのに最適な条件を整えつつあった。まず，水が得にくい土地であったために，平坦な未開発の原野が広大に残されていた。また，相模原は，東京との結びつきを保ちながら軍事施設を危険分散するには，ほど好い東京近郊であった。さらに，横浜線，小田急線，相模線という3方向の鉄道と，相模川水系からの水道，電力などの社会資本整備が進んでいた。

3. 住・商・工地域のパッチワーク

戦後の相模原は，住・商・工地域のパッチワークから成っている(図53)。これは一方では，軍都計画の遺産を引き継いだからであり，他方では方向と性質のかなり異なる小田急線と横浜線の影響があったからである。

工業活動の核は，やはり軍都計画時代につくられた。陸軍造幣廠では戦車，砲弾の製造が行われ，それとの関連で国鉄相模原工場，浅野重工(現 新日鉄中央研究所)，日本特殊鋼，大日本航空，荏原製作所が橋本～淵野辺間の地域に進出した。戦後になってからは，工場誘致条例(1956年)の制定，

首都圏整備法（1958年）の第1号指定を受けた工場団地の造成が，主として橋本から相模線沿線に至る地域で積極的に行われた。例えば，大山工業団地に進出した山村硝子，セントラル自動車，日本金属工業があり，田名工業団地には三菱重工，新キャタピラー三菱の巨大工場が進出した。また，旧陸軍練兵場があった麻溝台には麻溝台工業団地が建設され，日産自動車，日本光学（現 ニコン）などが進出した。この他に，工業団地ではないが，橋本付近に広大な敷地をもつ日本電気，三菱電気，昭和電線などの大工場も次々と建設された。これらの工場は，近年，R＆D（研究・開発）機能への特化が目立ち，日本電気マイクロエレクトロニクス研究所，新日鉄中央研究所，東急建設技術研究所，防衛庁技術研究所，文部科学省宇宙科学研究所などが，

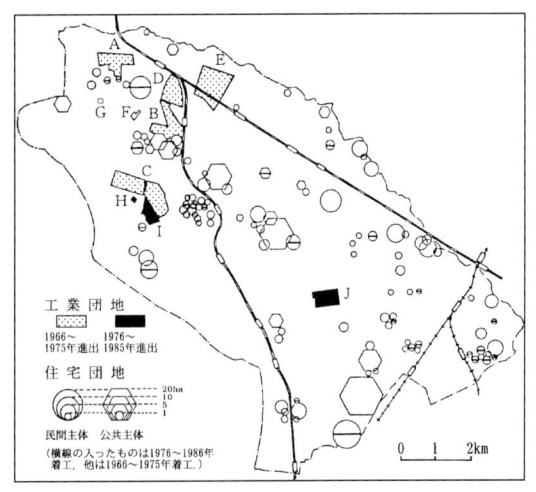

A：橋本工業団地，B：南橋本工業団地，C：田名工業団地，D：大山工業団地，E：小山工業団地，F：相模原機械金属工業団地，G：岐の原工業団地，H：清水原工業団地，I：赤坂工業団地，J：麻溝台工業団地．

図53　住宅団地・工業団地の分布（1966〜1985年）
（片平博文ほか「相模原の地誌」．中村和郎・岩田修二編：『地誌学を考える』，1986による）

相模原北部地域に集積している。

これに対して住宅団地は，おもに小田急線沿線から開発された。電鉄資本（小田急，東急）は開通当初より相模原南部を林間都市とする計画を立て，土地買収を進めた。相模カンツリー倶楽部（大和市とまたがる）の建設は，その一環であった。戦後，これら民間デベロッパーによる土地分譲が小田急沿線で行われた。相模原の人口を急増させたのは，相模大野，鶴が丘，上鶴間，相模台などの大規模公団住宅，横山台，相武台，上溝などのやはり大規模県営住宅である。これは，この地域が東京の都心へ通勤するのに便利であったことと，旧軍関係施設から民間施設への早期の返還によることであろう。近年，橋本に京王相模原線が乗り入れ，相模原北部に民間デベロッパーによるマンション建設が盛んである。

このように北部は工場，南部は住宅という地域分化が進んだために，商業集積地域は多数の核をもつようになった。伝統的な中心商店街としては上溝，橋本があり，住宅団地の住民向けには相模大野の商店街があったものの，相模原市民の最大の買い物先は町田であった。町田は横浜線と小田急の乗り換え駅であり，また明治期からの市場町であったことから，1960〜80年代にかけて大丸（現在は撤退），小田急，東急，丸井といった大手百貨店が相次いで進出した。しかし，近年では相模大野は伊勢丹，小田急駅ビルによって新たな商業中心地になりつつあり，古淵駅周辺の国道16号沿いは大型量販店，ショッピングセンター，ロードサイドショップなどが進出している。

相模原は軍都計画の制約を受けて「核のない都市」となり，「相模原都民」としての色彩が強いが，60万人という都市人口の「規模の経済」を生かした新たな地域統合への動きがみられる。

〔水野　勲〕

（参考文献）
相模原市史編纂委員会（1969，1971）：『相模原市史』第3，4巻，相模原市．
井出策夫（1973）：相模原市．地理，第18巻第4号．

首都圏第3の政令指定都市　千葉市

写真19　市街地中心部

1. 県都千葉の成立

　千葉は，近世以来の千葉町が中心となって発展した市である。鎌倉時代に千葉氏一族が現在の亥鼻に城郭を造営して栄えたといわれるが，近世には千葉は下総と江戸を結ぶ物資の集散地として次第に発展していった。1871年（明治4）に始まった廃藩置県によって，1873年に千葉県が成立した。このときの千葉県は県東部の郡が新治県に属する一方，現在の茨城県南西部の郡を含んでおり，利根川を県境とした現行の行政域になったのは，その2年後である。この時，千葉県庁が千葉郡千葉町に置かれたことが，県都千葉の始まりである。

　しかし，当時の千葉町は都市というには小さかった。1874年の人口をみると，県内第1位の人口（1万7000人余）をもつ銚子とは比べるまでもないが，船橋や佐原などの港町や佐倉などの城下町にも及ばず，人口は3,000人余りと県内第9位であった。

　千葉県庁は最初，千葉神社の神官宅に置かれたが，翌年には現庁舎の地点に移転した。庁舎の敷地は，微高地にある千葉町の市街地のはずれに位置し，都川に面した低湿地で水田地帯に盛り土をして造成された。県庁の設置によって，その後周辺には議事堂や警察署，裁判所，郡役所などが立地した。また，1874年には周辺町村の人々の拠出金によって共立病院が開かれ，後に千葉病院および千葉医学専門学校（現 千葉大学医学部）となった。教育機関としては，千葉師範学校および女子師範学校（現 千葉大学教育学部），千葉中学校（現 千葉高校）などが次々と開設された。他にも銀行や新聞社が創設され，千葉町は県庁所在地となってから数年のうちに，急速に県都としての体裁を整えていった。

　千葉町は行政機能を整備する一方，近世以来の物資輸送の中継地としての役割もますます拡大していった。前面には東京湾岸の寒川や登戸を外港とし，背後には北総，東総，九十九里，上総内陸方面と結ぶ陸上交通路をもち，房総各地と東京方面との中継地となっていた。1894年（明治27）に東京と佐倉を結ぶ総武鉄道が，1896年には千葉と大網を結ぶ房総鉄道がそれぞれ開通した。これらの鉄道は明治末までには東総の銚子，北総の佐原，外房の大原まで開通し，房総半島に放射状に延びた路線が

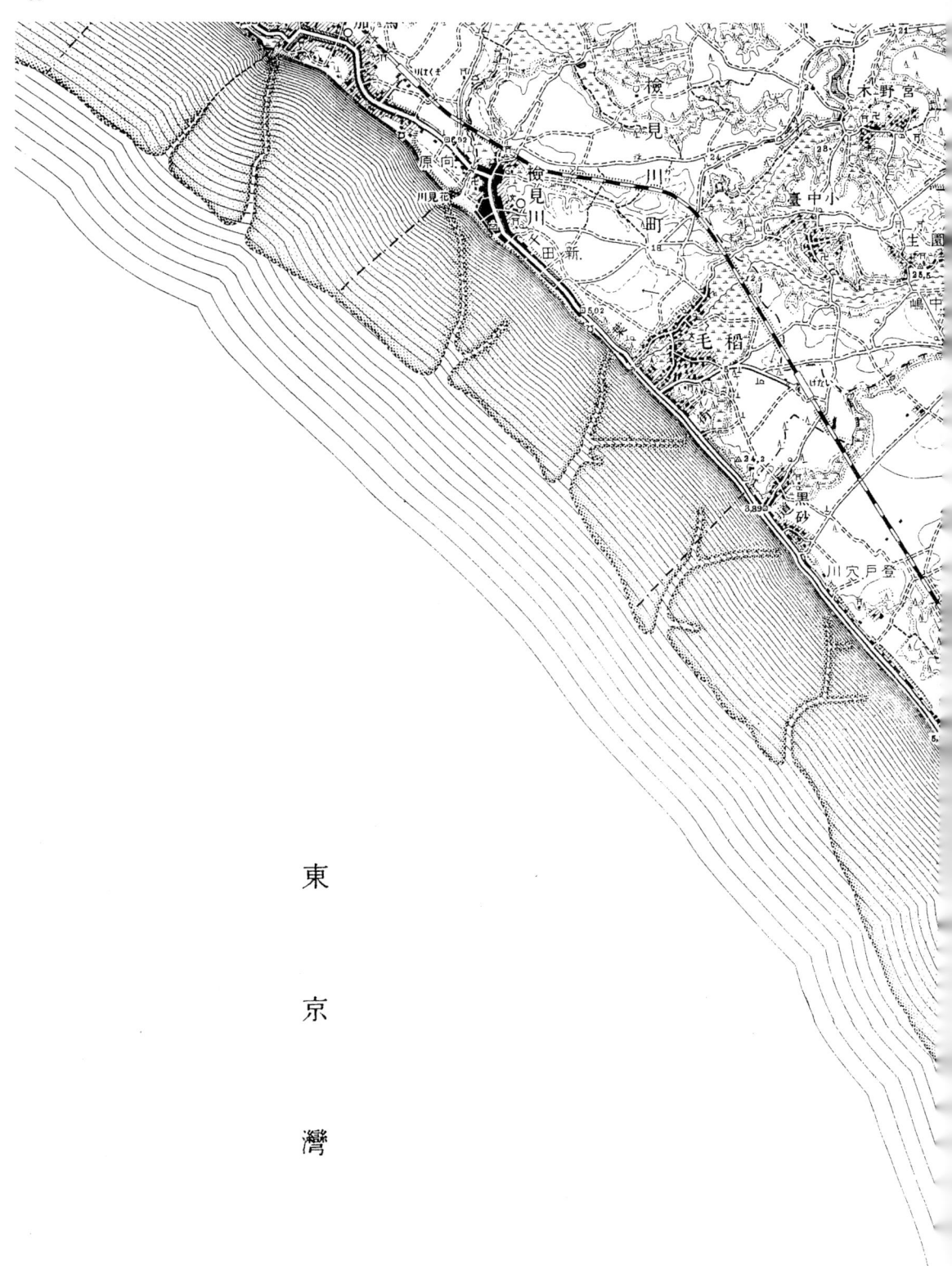

図54　1903年（明治36）の千葉町（5万分の1地形図「千葉」明治36年測図，原寸）

首都圏第3の政令指定都市 ── 千葉市　85

図55　現在の千葉市（5万分の1地形図「千葉」平成12年修正，原寸）

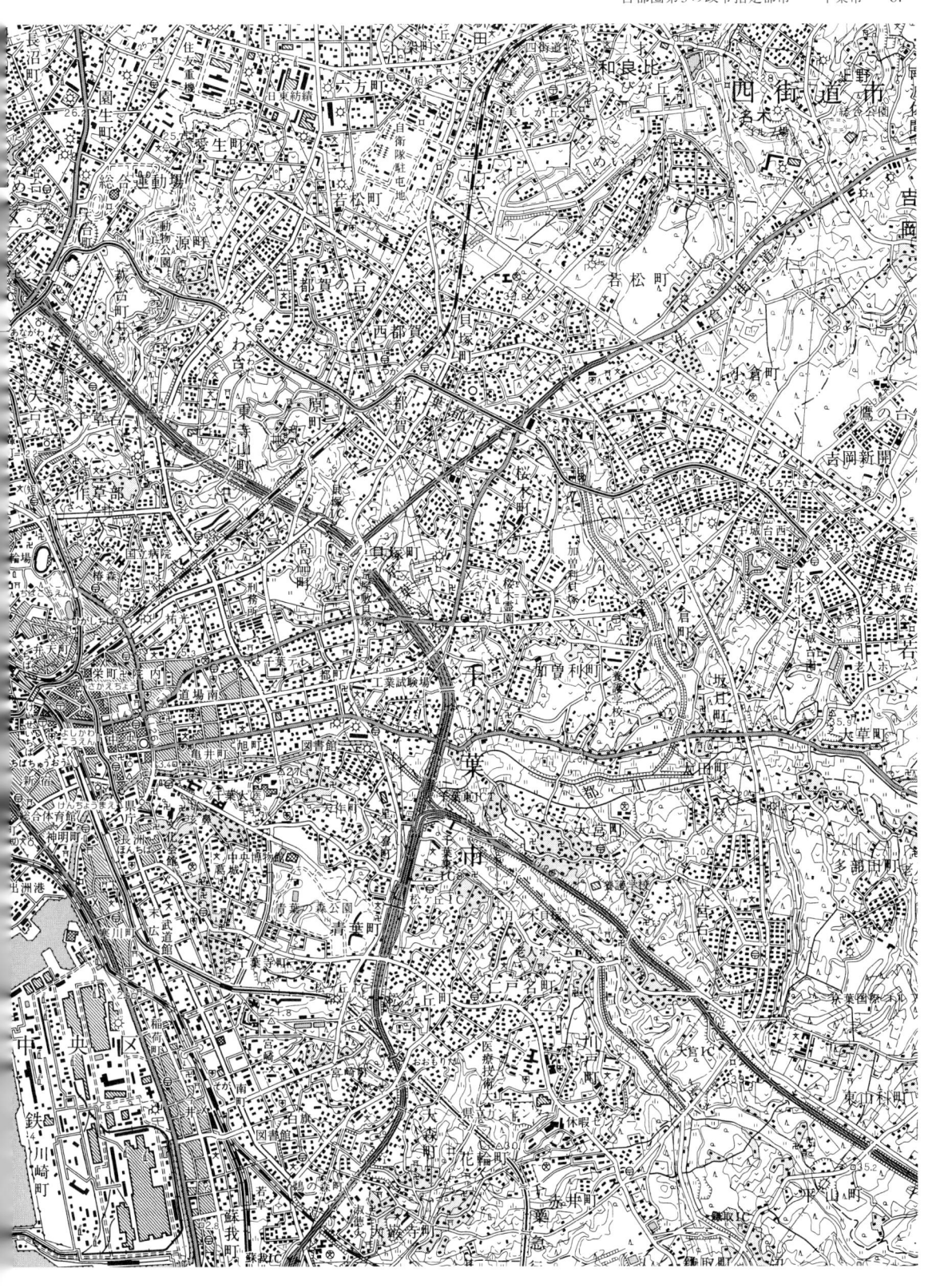

首都圏第3の政令指定都市 —— 千葉市　87

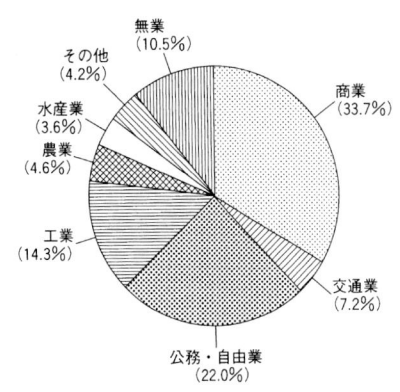

図56　昭和初期の千葉市の就業人口構成
（1932年）（千葉市史編纂委員会編：『千葉市史　第2巻』，1974，p.360から作図）

千葉で集約され東京へ結ばれるという鉄道網がつくられた。このため千葉の外港として栄えた寒川や登戸などは，鉄道輸送に押されて衰退する一方，総武鉄道の千葉駅や房総鉄道の本千葉駅の周辺は市街地化した。

　こうして千葉町が，行政の中心地および交通の結節点として繁栄していく過程で，1889年にはもともと関係の深かった周辺の寒川，登戸，黒砂，千葉寺の4カ村と合併した。この合併によって，人口・面積ともに以前の倍に増加し，さらにその後の人口増加の結果，20世紀に入る頃までには人口は銚子を抜いて県内最大となり，明治末には人口3万を超える都市となった。1921年（大正10）には県内で初めて市制が施行され，人口3万4000人の千葉市が誕生した。

　昭和初期の千葉市の就業人口構成（図56）をみると，商業従事者が約3分の1を占めている他，公務・自由業が多く，千葉市が行政および商業などの各種サービスの中心地であることがわかる。そのなかには軍人も多く含まれていて，この頃までに千葉は「軍都」と呼ばれる性格ももつようになっていた。

　千葉市北西部の台地上には首都東京をとりまく防衛拠点として，演習場や軍事施設が下総台地の広い平坦地を利用して設置されたのである。最初の軍施設は陸軍野戦砲兵学校であり，その演習場として六方野射撃場が設置されていた。その後も軍用地の拡大は終戦まで続いた。現在のJR総武線と総武本線との間，千葉市中心部の北側の台地には軍の学校や補給廠などの施設が多数設置された。こうした軍用地の存在は，千葉市の市街地の拡大を制約し，反面，戦後の市の土地利用計画にも大きな意味をもつことになった。

2．市域の拡大と内陸・海岸の開発

　現在の千葉市北部を北西から南東へと直線的に延びている街道があった。図54の明治時代の地形図には途切れることなく，現在の地形図でもその一部をはっきりとたどることができる。江戸初期の慶長年間に，徳川家康が東金と江戸を結ぶためにつくらせた御成街道である。この街道は千葉市北半部に広がる下総台地を横断している。この辺りが印旛沼水系と東京湾水系との分水界であり，広い平坦面をなしている。台地上は近世には野と呼ばれ，周辺の村々の入会地や新田が開かれたりしたが，明治以降，広大な面積が軍用地として利用されるようになった。これらの台地は西の東京湾と北の印旛沼に注ぐ中小河川によって刻まれ，その樹枝状谷は谷津田として利用されてきた。

　千葉市は市制施行後も周辺町村を次々と合併して市域を拡大していった。第二次世界大戦前に，蘇我町，検見川町，都賀村，都村，千城村，戦後の町村合併期の1954～55年に犢橋村，幕張町，生浜村，椎名町，誉田村，さらに1963年（昭和38）に泉町，1969年に土気町と合併した。

　合併とともに東京湾岸の埋め立てによっても市域は拡大した。海岸埋立事業の始まりは，戦前の内務省による東京湾臨海工業地帯造成計画の一環であった蘇我地先埋め立てである。ここには戦時中に日立航空機工場が進出し，戦後の1950年に川崎製鉄がこの跡地に進出を決め，埋立地を拡大して1953年（昭和28）から鉄鋼一貫工場の操業を開始した。次いでその南の埋立地に東京電力が進出し，千葉

県の臨海工業地帯の先駆けとなった。千葉市域では1960年代から1970年代にかけて、稲毛海岸を皮切りに、千葉港周辺、検見川および幕張地先の順に埋め立てられていった（図55）。1950年代までは遠浅の海岸で、漁業が営まれる一方、潮干狩りや海水浴の海岸観光地でもあったが、現在では自然の海岸は存在しない。埋立地先端に人工の砂浜がつくられている。

こうした市域の拡大に伴い開発が進展していった。内陸では、とりわけ旧軍用地が農地として開墾されるとともに、内陸工業団地の造成地とされた。千葉市北西部の台地上には、1960年前後から企業の進出が個別に始まり、後に計画的な工業団地の誘致が行われた。演習場であった六方町の周辺は千葉北部工業団地とされて、例えば1965年に住友重機、1968年には日東紡績の工場が進出した。これらの工場は東京などの県外から移転してきたものが多かった。海岸部では、千葉市南部の埋立地が一大工業地帯となったが、千葉港の北側には食品、木材、自動車などを扱う工業団地が造成された。

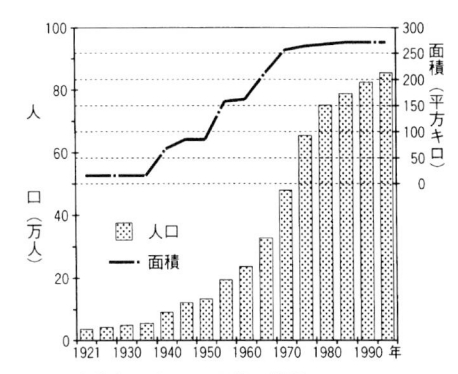

図57　千葉市の人口と面積の推移（国勢調査結果）

工業開発とともに、住宅団地の造成も盛んに行われるようになった。内陸では、千葉県住宅供給公社による小倉台団地や大宮団地、千葉県都市公社による千城台団地、日本住宅公団（現 住宅・都市整備公団）によるあやめ台団地や花見川団地、さつきが丘団地などは、いずれも1960年代に造成されたものである。この頃の千葉市は高度経済成長下で急拡大する首都圏における住宅都市として人口が急増していた。海岸部では1960年代末から住宅公団の幸町団地で入居が始まった。稲毛、検見川、幕張の埋立地では海浜ニュータウンとして、住宅・都市整備公団や千葉県住宅供給公社の他、民間ディベロッパーが住宅団地を造成し、1970年代に稲毛海岸の住宅団地から入居が開始された。なお、幕張海岸の予定地は、1960年代の計画では住宅団地とする予定であったが、その後変更され、現在では住宅地の他業務・研究地区、公園緑地などへと整備が進められている。

千葉市内の文教地区は従来亥鼻地区であったが、1960年代JR西千葉駅前に千葉大学が、東京大学生産技術研究所の跡地に立地し、その後も大学が隣接する旧軍用地跡や検見川、幕張などの海岸埋立地に進出している。

千葉市の中心部では、戦後の戦災復興事業として再開発が行われた。旧総武鉄道の千葉駅と旧房総鉄道の本千葉駅、その中間の市街地にあった京成千葉駅の3駅の移転は、中心市街地の様子を一変させた。1950年代末から1960年代初めにかけて、新しい千葉駅は総武本線と外房線が合流する地点に、京成千葉駅は旧本千葉駅の地点に、本千葉駅は市街地からはずれて南へ移転した。これによって、人の流れが変わり、千葉駅と京成千葉駅までの間に新たに大型店も進出して繁華街が形成された。

3．政令指定都市への成長

都心から直線で40kmほど、電車で1時間以内の距離にある千葉市は、戦前から東京との結びつきのなかで発展してきた。県都としての役割を果たしながらも、首都圏の住宅衛星都市として成長してきた。千葉市の人口は1960年には24万人であったが、1965年に33万人、1970年には48万人、1975年には

写真20　東関東自動車道と幕張新都心

66万人と急増していった。1970年の国勢調査結果によれば，千葉市外へ通勤・通学によって流出する人口のうち64％が東京へ通勤していた。鉄道へのアクセスは不便であったが，1980年代にJR京葉線が海浜ニュータウンと幕張新都心地区を経由して蘇我駅まで開通し，内陸の千城台住宅団地を結んで千葉都市モノレールが1998年に運転を開始した。1970年代末から造成が始まった外房線沿線の内陸住宅団地，住宅・都市整備公団による「おゆみ野」（ちはら台団地）とのアクセスには，1995年に第三セクター鉄道である千葉急行電鉄（現 京成千原線）が開通した。これらの鉄道網の整備は，東京との結びつきの強化といえよう。

　人口が60万人を超えた頃から，千葉市では政令指定都市への移行が話題となり，1980年代に行政区割り（6区）が検討されるようになった。1992年（平成4）に，全国で12番目，首都圏では横浜，川崎に次いで3番目の政令指定都市となった。現在の千葉市は，人口88万7164人（2000年）で大きな中心地機能をもつ都市である。東京に隣接する県北西部を除けば，ほぼ県下全域にその勢力は及んでいる。

　千葉市西端の埋立地に，千葉県の事業として「幕張新都心地区」の整備が進められてきた。この「幕張新都心構想」は，成田空港，かずさアカデミアパークとともに，1983年に千葉県が発表した「千葉新産業三角構想」の一角を占めるものである。1989年に完成した日本コンベンションセンター（幕張メッセ）他，多くの企業や研究施設が立地する業務・研究地区を核として，大学や高校がある文教地区，高層ホテルがそびえるタウンセンター地区，公園や球場の設置されている公園緑地地区などで構成されている（写真20）。ここに進出した企業は，本社機能の全部または一部を東京から移転したケースも多い。幕張新都心地区は千葉市域にありながら，東京の延長上に位置づけられているともいえよう。千葉県の中心地としての役割とともに，首都圏において分担される役割をも果たそうとしているのが，現在の千葉市である。

〔安藤　清〕

〔参考文献〕
千葉市史編纂委員会編（1974）:『千葉市史　第1〜3巻』，千葉市.
㈱千葉日報編集局編（1977）:『千葉市風土記』，㈱千葉日報社.
千葉市史編纂委員会編（1993）:『絵にみる図でよむ千葉市図誌　上・下巻』，千葉市.
㈶千葉県史料研究財団編（1996, 99）:『千葉県の歴史　別編　地誌1，2』，千葉県.

漁師町から
アーバンリゾート地域へ

浦安市・市川市行徳

写真21 新市街地から東京ディズニーリゾートを望む

1. 漁師町，浦安

　昭和初期，小説家山本周五郎は浦安に住み，その体験をもとに『青べか物語』(1961年)を書いた。「べか」とは艇長が約3.5mほどのノリ採り用の小船(べか舟)のことである。物語では浦安を浦粕，江戸川を根戸川と置き換えているが，昭和初期の漁師町であった浦安の詩情と生活を余すところなく今に伝えている。

　浦安が漁師町として本格的に発展するのは近世になってからである。浦安は徳川幕府直轄領となり，下総国葛飾郡行徳領に属した。幕府は行徳領に対して製塩を奨励したが，江戸川河口に位置する浦安では淡水が流入するため塩分濃度が低く，行徳地域に比べて生産条件は極端に悪かった。そのため1630年(寛永6)ごろ以降，浦安では製塩はほとんど行われなくなったが，遠浅の海が広がる浦安の地は，製塩には不向きでも漁業を行うには格好の場所であった。当時，漁師はおもに境川にそった堀江・猫実村に密集した集落を形成しており，その名残が図58に見られる。

　浦安の漁業は貝の採集，ノリの養殖，魚とりという3種類の漁業により構成されていた。その特色は，何種類かの漁業が1軒の漁家で複合的に行われていた点にあった。一般に冬場は魚が東京湾の深い沖合いに移動するため，貝の採取やノリつみとり作業が中心となり，夏場は浅瀬に集まる魚をとるというふうに，各漁業は相互補完的な関係にあった。

　浦安の漁民は当初から漁業を営むかたわら，農業にも従事した。元来狭隘な地域であるため農業経営規模は小さく(平均約20〜30a／戸)，そのほとんどが漁業を主とする兼業農家であった。図58の堀江以南に水田が見られるように，おもな農作物は水稲であった。低湿地という土地条件もあり，大正期から昭和初期にかけて収益性の高いレンコンが栽培されるようになった。

　1960年(昭和35)頃より浦安は，工場の地下水の過剰くみ上げがおもな原因とされる著しい地盤沈下にみまわれた。1964年には年間最高15.1cmもの沈下を記録し，自然排水ができなくなった堀江耕地は泥沼と化した。1964年の水稲作付け不能面積は実に約80haにまで拡大した。こうした事態に対し

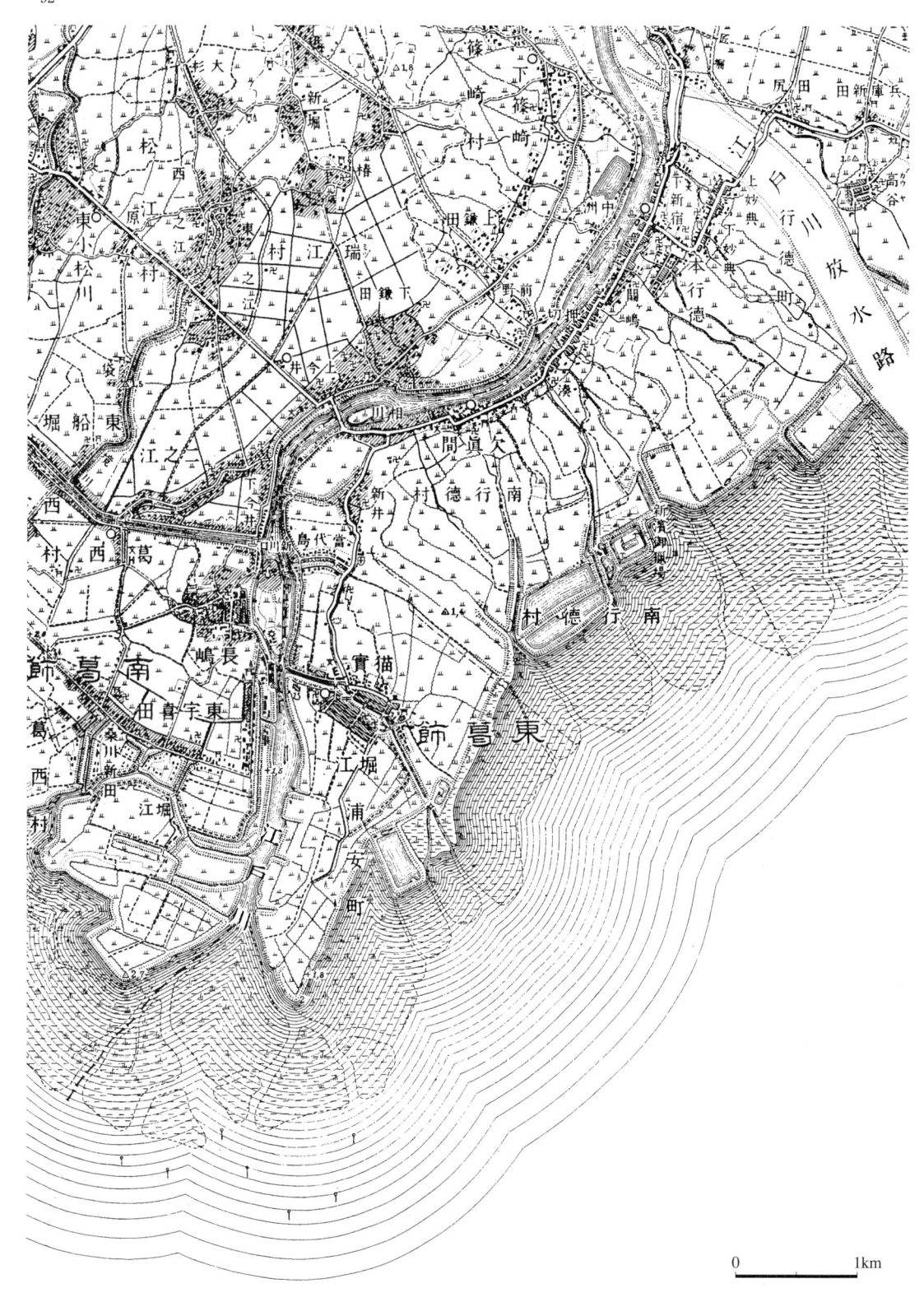

図58　1916年（大正5）の浦安村（2万分の1地形図「船橋」「沖割原」明治36年測図,「東京東部」「洲崎」明治42年測図, ×0.4）

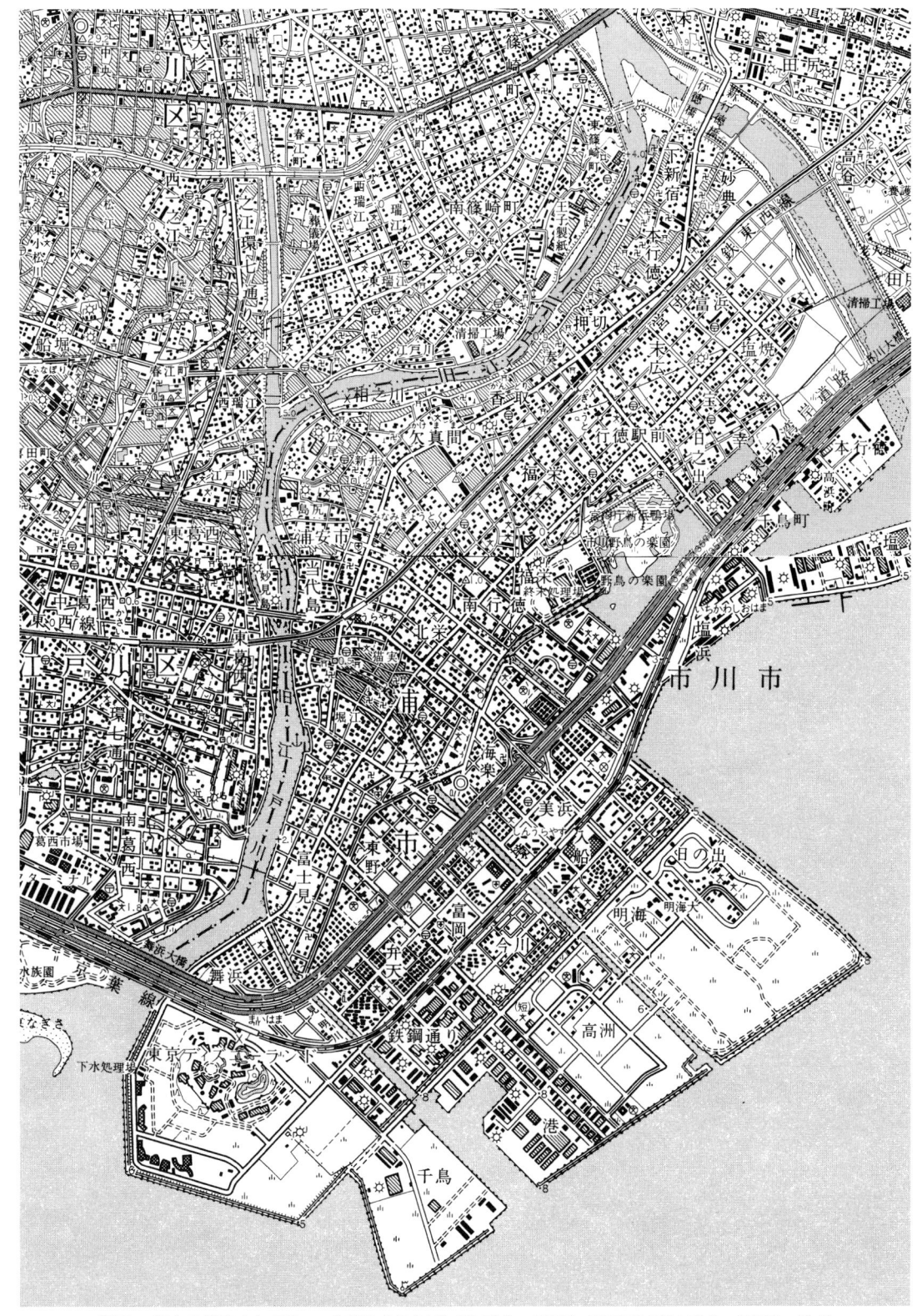

図59　現在の浦安市（5万分の1地形図「東京東北部」平成12年修正，「東京東南部」平成10年修正，原寸）

写真22　区画整理中の行徳と新浜御猟場（『市川市史』より）

て土地改良事業の実施や県による工場の地下水くみ上げ規制（1969年），天然ガス採取の全面禁止（1972年）などの策が講じられたが，農業に見切りをつけ離農するものが相次いだ。その後，地盤沈下は沈静化したものの，江戸川への海水逆流現象による農業用水の確保難や急激な都市化に伴う農地の宅地への転用により，農業は衰退の一途をたどった。1946年に553戸を数えた農家は，1979年を最後に完全に消滅してしまった。

2. 行徳の製塩業

　江戸期，江戸（東京）内湾地域で最大の製塩量を誇ったのは行徳周辺であった。行徳の製塩業は幕府の保護を受けて発展した。1590年（天正18）の江戸移封後，徳川家康は軍事上から関東における塩自給の重要性を鑑みて，行徳塩浜に塩業統制・保護を指示した。行徳塩業が最盛期を迎えるのは江戸時代前期である。幕府は新川と小名木川の2本の運河を開削し，行徳の塩を江戸に運ぶための水運の整備を図った。1629年（寛永6）に行われた塩浜検地によると，行徳周辺16カ村で約600貫の年貢永高が定められており，一説には370町歩もの塩田面積を誇っていたとされている（『市川市史』）。

　近世において製塩業の中心地は瀬戸内地域であった。瀬戸内地域の塩は優れた自然条件と高い製塩技術によりその生産量を伸ばし，元禄年間（1688～1703年）には江戸市場をほぼ制圧したとされている。その結果，行徳の塩田は1702年（元禄15）の検地で約190町歩と記録され，文化年間末期（1810年代）には約140町歩にまで減少した。しかし，行徳塩業は縮小しながらも，軍事的な意味あいから続けて幕府の保護を受け，さらに北関東から東北にかけて市場を確保することにより，一定の規模を保つことができた。

　明治期以降も内湾地域では製塩業が行われたが，日清戦争後の安価な台湾塩の流入や1905年（明治38）の塩の専売制により急速に衰退していった。1910～11年に実施された第一次製塩地整理により五井（市原市）などの塩田が廃止され，房総では行徳～船橋のみ存続が認められた。図58には当時の塩田が見える。行徳製塩業の衰退を決定的にしたのは，1917年（大正6）に東京湾をおそった高潮であった。その被害は約150町歩にも及び，塩田のほとんどが破壊された。その後，1929年（昭和4）の第二次製塩地整理により，行徳～船橋間も整理の対象となった。

　第二次世界大戦後，1949年日本専売公社が設立され，行徳から完全に塩田が姿を消した。長い間放置されていた塩田は，湾岸地域の工業化の過程で埋立造成地として再生し，現在に至っている。行徳地域の漁民は製塩業が盛んだったこともあり，旧漁業法下にあっては漁業権をもたず，近隣の船橋漁業組合などから権利を借用して，漁業を営んでいた。行徳漁民が独自の漁業権を獲得するのは，1950年の新漁業法制定以降であった。

3. 海面埋立事業の展開と急激な都市化

　第二次世界大戦後，工業化を急ぐ千葉県は1952年(昭和27)の千葉市神明地先をかわきりに東京湾岸地域の埋立造成事業に着手した。当初，浦安は首都圏整備法において近郊整備地帯の指定を受け，開発が抑制されていたため，県の埋立造成計画の中には含まれていなかった。大市場東京に隣接し，豊かな海の恵みを享受していた漁民にとっても，海面を埋め立てる必然性はなかった。しかし1958年，本州製紙江戸川工場から放流された工場排水により，浦安の漁場は壊滅的な状況に陥った。

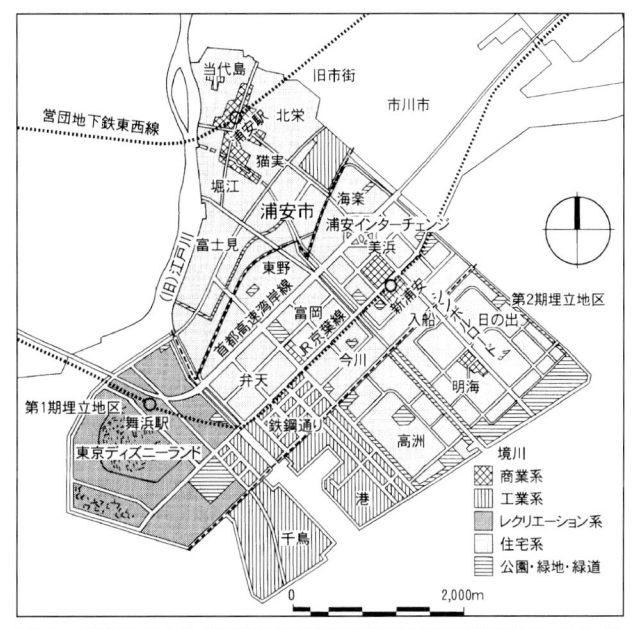

図60　浦安市の土地利用計画図(浦安市都市整備部提供資料により作成)

浦安地先では水質汚染のために魚がとれなくなり，ノリ養殖と貝採取に経営の比重を移さざるを得ない状況に迫られていた矢先の出来事であり，漁民の将来の生活に対する不安は急速に高まった。

　こうした漁業に対する不安を背景に，1959年(昭和34)，日本プラスチック㈱から自己所有の海面下土地(干潮時に陸地になる土地のことで私有権が認められていた)を埋め立て，大遊園地をつくりたいという申し入れがあった。町ではこの計画を受け議会や漁協などとの協議を重ね，同年「浦安町地先海面総合開発促進要望書」を県に提出し，本格的な埋立事業計画の着手を決定した。

　埋立事業は住宅地の造成，大規模遊園地の誘致，鉄鋼流通基地の形成を基本方針とした(図60)。埋め立ては2期に分けて実施された。第1期は3地区総面積873haに及び，1965年に着工し1975年をもって完了した。同様に第2期は3地区総面積563haであり，1972年に着工，1980年に完了した。

　海面埋立事業を実施するにあたり，漁業権の放棄が2期にわたる工事に先駆けて2回行われた。第1回目は1962年で，漁業権の一部が放棄された。これに対して県は両組合員に補償金約7億2627万円と補償地(埋立造成地の先行取得権)約55万㎡を支払った。第2回目は1971年で，漁業権の全面放棄が実施され，総額約149億6057万円の補償金で交渉が妥結した。1971年の時点で漁業から転業を余儀なくされた漁業組合員は1,677人であった。年齢別にみると45歳以下が606人，46歳以上が1,071人であり，当時すでに若年層の漁業離れがかなり進んでいた。

　浦安市域は，海面の埋め立てによって一挙に約4倍(4.43ha→16.98ha)に拡大した。それにつれて人口も急激に増加した(図61)。浦安の人口増加は，当初1969年(昭和44)の地下鉄東西線開通を契機として始まり，まず，浦安駅周辺を中心とした旧市街地に人口流入がみられた。第1期埋立工事が完了し，今川，弁天，船入地区に公団を中心とした大規模な分譲住宅団地が完成する1977～81年の時期になると，新市街地における人口が急速に増加していった。その後，第2期工事の完了や1988年のJR京葉線暫定的開通(新木場～蘇我)，1990年の全線開通など，交通網整備が進むことにより，住宅

地としての新市街地の価値は高まった。1980年代の後半からは、バブル景気の波にも乗って大規模な住宅団地の建設が相次ぎ、1988年には市の人口が10万人の大台を突破した。

4. 東京ディズニーランドの進出とアーバンリゾート地域の形成

遊園地用地(舞浜地区)には東京ディズニーランド(以下、TDL)が進出した。前述のように、浦安市における遊園地建設は、

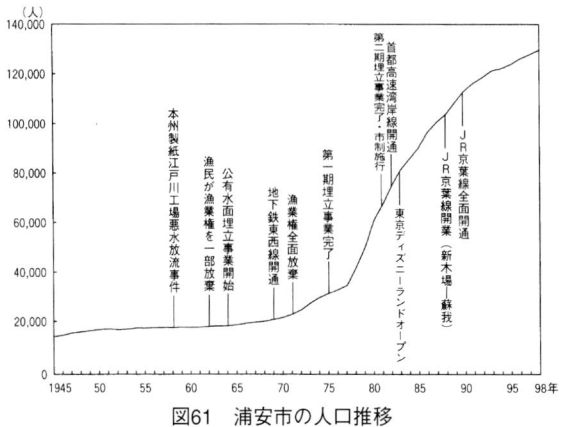

図61 浦安市の人口推移
(浦安市:『浦安市統計書』, 1998年などにより作成)

旧漁場「大三角」を埋め立て東洋一の大遊園地をつくるという申し出に端を発する。1959年(昭和34)、町議会は大規模遊園地の誘致を決議、埋立造成事業が開始された。1960年には遊園地誘致の中核を担う㈱オリエンタルランド(浦安開発を目的に三井不動産と京成電鉄が出資して設立。以下オ社)が設立され、親会社とともに1964年頃からウォルト・ディズニー・プロダクションズ(現ディズニー・エンタープライゼズ・インク、以下D社)との交渉が開始された。しかし、当時D社はフロリダ(ディズニー・ワールド)進出を発表したばかりであり(1965年)、海外展開の構想もなかったため交渉は結果的にまとまらなかった。

D社の進出が決定的となったのは、首脳が現地視察のために来日した1974年になってからである。候補地には富士山麓や伊豆などもあがっていたが、東京都心地域に近接する浦安は他を押さえてD社海外進出第1号の地として選定された。1979年にはD社とオ社との間で業務提携に関する正式契約が締結された。1980年起工式が行われ、1983年4月15日にグランドオープンした。他方、隣接して1986年以降相次いで大規模ホテル(5社、総客室約3200室)が開業したことにより、TDLを核としたアーバンリゾート地域が形成された。2000年、オ社はTDLに隣接して複合商業施設「イクスピアリ」や直営ホテルを建設し、2000年に営業を始めた。2001年には第2テーマパークである「東京ディズニーシー」も完成させ、「東京ディズニーリゾート」としてますます施設を充実させている。

TDLは開園以来、「夢と魔法の王国」をテーマに完璧な非日常的世界を演出することにより、多くの来園者を迎えてきた。その集客範囲は関東地域をはじめ全国各地に及び、アジア地域を中心に外国からも多くの来園者を迎え入れている。1997年の入場者は1,710万人に達している。そして、今や浦安は「TDLのある都市」として広く知られるところとなった。浦安という地名はTDLのイメージと重なり、地域内・外から好意的に受け止められている。しかし、市民生活とTDLとのかかわりはほとんどない。それ以上に、周辺地域の交通渋滞やアトラクションの花火騒音問題、TDL施設拡張に伴う市の運動公園建設計画変更問題など、市民との間に軋轢も生じている。

〔竹内裕一〕

(参考文献)
千葉県史料研究財団編(1999):『千葉県の歴史 別編 地誌2 地域誌』、千葉県.
浦安市史編さん委員会編(1985):『浦安市史』、浦安市.
小室正紀編著(1992):『地図に刻まれた歴史と景観2 市川市・浦安市』、新人物往来社.

物資の集散地から
住宅衛星都市へ

松戸市

写真23　マンションが立ち並ぶ牧の原団地

　千葉県北西部に位置する松戸市は，江戸川をはさんで東京都葛飾区と埼玉県三郷市に接する人口約46万の典型的な住宅衛星都市である。近世から明治中期までは，利根川・江戸川水運の寄港地・積出港（河岸集落）として，また対岸の「金町関所」を臨む水戸街道の宿場町として大きな繁栄を遂げていた。だが，明治中期以降に輸送形態の主力が，水運から鉄道にとって代わるようになると，東京への近接性もあってか，首都への労働力・農産物の供給地である近郊地域として位置づけられるようになった。そして大正から昭和戦前の一時期は，地形の利を活かした首都防衛のための軍事要塞として，戦後は東京大都市圏の拡大に伴い，今日のような住宅衛星都市としての性格を次第に強めていくことになる。

1. 鉄道開通に伴う河岸集落の衰退

　松戸市域は，西側の一部分が江戸川をのぞむ低地によって占められている他は，大部分は下総台地と呼ばれる洪積台地によって占められている。早くから開発がなされたのは川沿いの低地と「谷津」と呼ばれる台地の間で広がる谷で，台地は地下水が得にくいなどの理由で開発の進行はきわめて遅かった。図62の地形図によると，明治期の松戸の市街地は，河岸集落や宿場町の形態をそのまま引き継ぐ形で，陸前浜街道（旧水戸街道）に面した部分とそれに続く江戸川沿いの低地の一部分に発達している。また，松戸町を取り巻く馬橋村・八柱村・明村など周辺の村々の低地や谷津には新田集落が分布していた。

　一方，台地の土地利用は近世には「小金牧」と呼ばれ，江戸幕府の直轄する馬の放牧地であった所であるが，明治になっても大部分が森林や原野におおわれていた。高木村の五香六実に，維新の政変によって職を失った東京府下の士族のための入植地が開墾された他は，わずかにナシ園（ちなみに「二十世紀梨」の発祥の地は松戸であり，図63の地形図中央やや南西寄りの地名にその名残りがある）や桑畑が散在する程度であった。

　ところで，1872年（明治5）の蒸気船の就航に伴うスピードアップ化により，河川交通はさらなる発

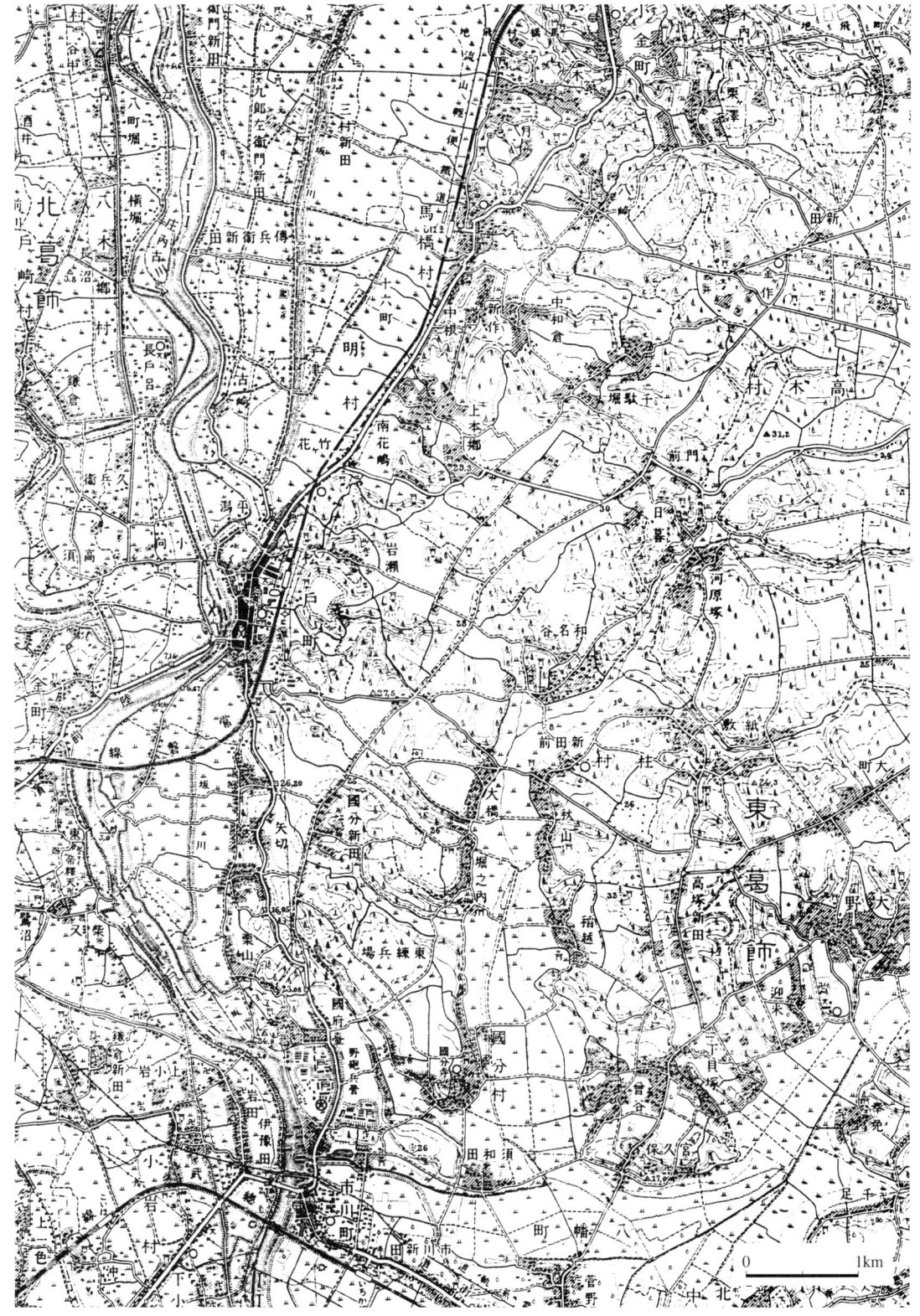

図62　1917年（大正6）の松戸町（5万分の1地形図「東京東北部」大正6年修正，×0.91）

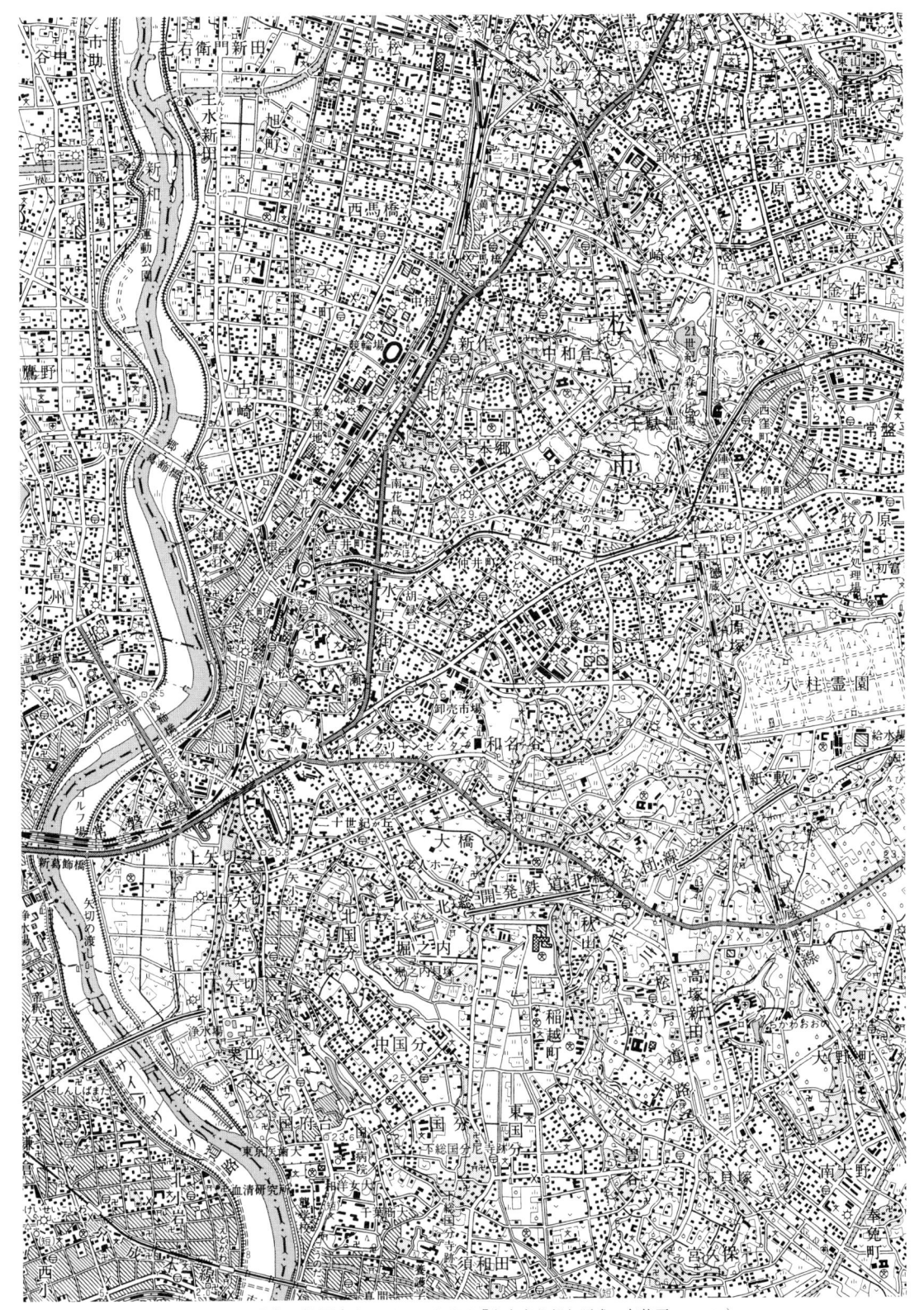

図63　現在の松戸市（5万分の1地形図「東京東北部」平成12年修正，×0.91）

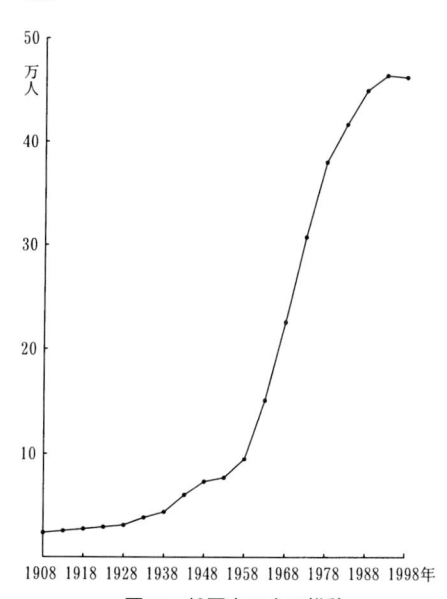

図64　松戸市の人口推移
注）1943年以前の人口数は旧松戸町域のもの．
（1943年以降は『松戸市統計書』より，それ以前は『松戸市史　下巻（二）』より作成）

展を遂げ，銚子・野田・関宿(せきやど)経由で広く北関東一円から米・醤油・肥料・薪炭などさまざまな生活物資が松戸を経由して東京へと運ばれ，また近隣の集落からも米や蔬菜をはじめとする農作物が松戸に集められた後，やはり東京へと運ばれていった。

1878年に「東葛飾郡役所」が置かれたことからも理解されるように，明治中期までの松戸は，河川交通の発達により周辺地域における物資の集散地，すなわち周辺農村の広域的な中心地として位置づけられていた。

しかし，1896年（明治29）の日本鉄道による鉄道が田端～土浦間（現在のＪＲ常磐線）に開通，松戸駅が開設された。同鉄道は翌年には平（現在のいわき市）まで開通し，東京と常磐方面が一本のレールでつながり，京浜地区における近代工業の発達に伴い常磐炭鉱からの石炭輸送が盛んになった。さらに，1911年（明治44）に木橋の「葛飾橋」が江戸川に架設されると東京と陸続きになり，それにより，馬車や自動車など他の陸上輸送手段が発達した。物資輸送の主役は短時間に目的地へ効率よく輸送できる鉄道へと移り，河川交通は徐々に衰退へと向かっていく。その結果「矢切の渡し」で知られる対岸との渡船も途絶えることになり，河岸集落はますますさびれていった。そのような時代の急速な変化のなかで，松戸はかつての宿場町の基盤を色濃く残す保守的気質もあってか，発展から取り残され，その結果として，かつての物資の集散地から通過地点へと転落していった。

2. 市制施行と軍都としての歩み

大正から昭和戦前にかけての松戸の歩みの特徴は，人口増加とそれに伴う町域の拡大・市制の施行，そして軍都としての位置づけをあげることができるだろう。

人口増加と町域拡大・市制施行　人口増加の要因の一つに，首都東京を襲った1917年（大正6）の高潮と1923年（大正12）の関東大震災の二つの災害の発生をあげることができる。これらの災害によって甚大な被害を受けた東京下町の住民の多くが，被害が比較的軽微な対岸の松戸へと避難し，そのまま定住した。二つ目の要因に，東京大都市圏の膨張に伴う人口の流入をあげることができる。居住に適した低地に地価の安さという条件が加わり，東京市内から多くの人々が松戸に移り住み，都心へと通勤するようになる。1936年（昭和11）の常磐線の上野～松戸間の電化により，東京への時間距離が短縮され，そのことが通勤者の増大へ拍車をかけることになった。

また，この時代の松戸や周辺の町村は，東京への労働力の供給地であるだけでなく，蔬菜の大供給地であり，また東京市内の人糞尿・ゴミ肥料還元受け入れ地となっていた。さらに，1935年の東京市営八柱(やはしら)霊園の開設もあり，まさに松戸は首都の屋台骨を支える近郊地帯として位置づけられていた。

さて，このような急激な人口増加に加え，郡制の廃止（1925年）をきっかけに松戸町は市制施行への途を歩み始める。とくに隣接する市川町が1934年（昭和29）に，船橋町が1937年（昭和12）に市制施

行してからは，東葛飾郡の中心としての地位を維持するために，周辺町村との合併を強力に推し進めるようになる。1933年に明村と，1937年に八柱村と，そして戦局の悪化する1943年（昭和18）には馬橋村・高木村と合併し，松戸市の誕生を迎えることになる。市制施行当時の人口は4万433人，千葉県7番目の市としてスタートすることになった。現在は人口46万4841人（2000年），県下3番目の都市になった。

軍都としての歩み　1919年（大正8）に陸軍工兵学校が，松戸町域の相模台上に開設され，軍都松戸の歩みが始まった。工兵学校開設の理由は，第一次世界大戦の教訓をもとに，著しく変化し進歩する近代戦に対応するための革新的技術と戦略理論を工兵専科の大尉クラスの将校に学ばせるためであった。それではなぜ松戸に工兵学校が開設されたのか。一つには，下総台地や江戸川河岸という周辺のもつ変化に富んだ地形環境が演習の実施に適していたことがあげられる。演習内容が築城と架橋に分かれていたことからも，そのことが理解されるだろう。二つには，松戸から比較的近い千葉県津田沼町（現在の習志野市）に騎兵学校・陸軍病院・鉄道連隊などの軍事施設が置かれ，軍用鉄道（新京成鉄道の前身）によってそれらの施設と接続させることで，下総台地西部一帯を有事の際に首都東京を守るための軍事的な要塞として位置づけようとしていたことがあげられる。

このことに関連して，1940年（昭和15）には，高木村五香六実・串崎新田周辺の広大な森林原野に逓信省航空局の手によって松戸飛行場が開設される。この飛行場は当初，民間パイロット養成を目的としていたが，日本の敗戦が濃厚となった第二次世界大戦末期において，防空基地や特攻基地として，さらには航空補助基地として利用されるようになった。

この時代の松戸市は，二つの広大な軍事施設の存在により軍都としての性格を強めるとともに，首都防衛のための軍事的要塞として重要な位置づけがなされていた。そのため，台地上の開発は著しく制約された。なお，松飛台（工業台地）という地名とその付近に立地する陸上自衛隊松戸駐屯地（鎌ヶ谷市にまたがる）の存在が，軍都松戸の面影をいまだ残したものであるといえる。

3. 台地の大規模開発——農村から住宅都市へ

戦後の松戸市は，軍事施設の存在にもかかわらず空襲の被害が少なかったため，復興への歩みは比較的順調な滑り出しをみせていた。1954年（昭和29）の小金町との合併により現在の市域がほぼ形成されるとともに，翌年の松戸〜津田沼間の新京成電鉄の開通をきっかけに「松戸市都市計画」が決定され，経済成長により膨張を続ける首都東京の衛星都市として，住宅建設・企業誘致・土地区画整理事業が活発に推進されることとなった。また，日本住宅公団（現 住宅・都市整備公団）による常盤平団地の造成は，網の目のような街路を基盤に，中層の集合住宅を計画的に配置し，自然との調和をうまく図った理想的な田園都市として脚光を浴び，その後の全国各地におけるニュータウン建設の先駆けともなった。

1960年（昭和35）の常磐平団地の完成をきっかけに，市の人口は加速度的に増加し（図64），それに対処するために，その後も台地上に次々と牧の原・小金原などの住宅団地が造成されていった。また，市の自主財源を確保するために，1960年の北松戸工業団地の造成を皮切りに，稔台・松飛台への工業団地の建設などを通じて，食品・家具・皮革・電子機械などの内陸型立地の工場が次々に誘致されていった。このように高度経済成長に追随するかのように台地の開発が急速に進んだが，その反面でか

表6　松戸市からのおもな通勤通学先と通勤通学者数の推移

通勤通学先	1980年	1985年	1990年	1995年
東京都区内	90,690人	100,202人	120,116人	116,921人
市川市	4,855	5,491	6,855	6,889
柏市	5,380	7,158	9,123	10,036
船橋市	2,157	3,022	4,332	4,892
千葉市	1,435	1,710	2,476	4,143
横浜市	517	670	805	1,002

注）各年度発行の『松戸市統計書』（松戸市役所総務部総務課発行）より作成.

つての農村の面影は失われていった。

　1959年（昭和34）の市庁舎の移転を契機に，諸官庁が台地へと移転していき，市の中心は松戸駅を中心とした低地から台地へと次第にシフトしていくことになった。

　1978年には武蔵野線が西船橋まで全通し，それに伴いそれまで手薄であった市北部の開発が急速に進み，新松戸は常磐線と武蔵野線とが交差する新しい交通の拠点となった。また，新松戸が市の副都心としての位置づけがなされたことで，周辺地域にはモータリゼーション化に対応する巨大なショッピングセンターが誘致され，水戸街道（国道6号）など主要幹線道路に沿ってファミリーレストランやコンビニエンスストア，日曜大工センターなどが立地し，ロードサイドビジネスが活発に展開されるようになった。

　1950年代後半から70年代後半にかけて，松戸市は飛躍的に発展を遂げ，首都圏の衛星都市としての基盤を固めていった。しかし，急速な発展は同時に，住宅地の不足や上下水道・文化施設の未整備，交通渋滞，水害の多発，公害など生活環境の悪化という問題をもたらした。住民の多くは，環境悪化への苦情や改善策をさまざまな形で市当局に訴えるようになるが，細分化された縦割りの行政機構では住民から提起された一つ一つの課題に対応するのが困難であった。

　このような行政のあり方を見直し，機動力をもった対応と住民に対する迅速なサービスを目指して，1969年，当時の松本　清市長は市役所に「すぐやる課」を新設した。この結果，行政の政策遂行にあたって住民の意見が直接に反映されるようになり，全国的に注目を浴び，各地で関心をもたれるようになった「市民主体ないしは市民参加の行政」の確立へ向けて先駆的な役割を果たしたのである。

4．21世紀へ向けてのまちづくりビジョン

　経済成長は，地域に著しい変化を与えるとともに，生活に利便性を与え，物質的豊かさをもたらしたが，環境問題や物価の高騰などさまざまな社会の歪みを引き起こすこととなった。今後は精神的豊かさを図るべく，生活の質的向上を目指すとともに，住民一人ひとりが地域の担い手としての役割を果たすべく，積極的にまちづくりにかかわることが重要であると考える。松戸市では21世紀を視野においた総合計画「2020まつど新時代」を発表した。その骨子は，2020年の都市の将来像を，①自立と交流の50万都市，②安全で安心できるまち，③人と環境が調和するまち，④すべての人が尊重され，共生できるまち，⑤市民によるまちづくり，の五つに集約され，その実現に向けて1998年からさまざまな取り組みを開始している。

〔泉　貴久〕

（参考文献）
松戸市誌編さん委員会編（1964, 68）：『松戸市史　下巻（1）・（2）』，松戸市役所.
千野原靖方（1977）：『松戸風土記』，ナウ企画.
松下邦夫（1982）：『改訂新版　松戸の歴史案内』，郷土史出版.
松戸市教育委員会編（1997）：『われらの松戸（地理・歴史編）』，松戸市教育委員会.

国際空港の夢と現実 成田市

写真24 成田山新勝寺

1. 成田山新勝寺と周辺の農村

　真言宗智山派の寺院である成田山新勝寺は，940年（天慶3），当時下総一帯で起きていた平将門の乱の平定祈願のために開山されたとの縁起をもっている。ただし，その名が知られるようになるのは，江戸時代中期の元禄年間に，江戸深川の永代寺で出開帳を行ってからである。出開帳の成功によって，江戸市中から関東一円に広がる成田講が組織され，それにつれて増加した参拝者のために旅館や飲食店などが営まれるようになって，次第に市街地が形成されていった。幕末の天保年間には，飯屋を兼ねる旅籠屋32軒の他，居酒屋，菓子屋，煙草屋，髪結，下駄屋などがあった（図69）。

　明治以降も成田山の発展はめざましく，関東，東海，東北から北海道にまで末寺が創建されていった。1894年（明治27）の成田山には100人以上の寺務員が働いていたという。門前町もますます興隆し，1885年の『成田山霊場実記』によれば，旅館はさらに増え61軒を数えている。その他にも，酒の醸造，薬や土産物の製造などが盛んになった。とりわけ羊羹は成田の代表的な土産物となって工場生産された。こうした門前町の繁栄の中で，1896年には成田銀行が開業，翌年に東京と結んで成田鉄道が開通，翌々年には新勝寺の経営による私立成田中学校（現 成田高校）が開校，さらに1899年には成田瓦斯会社が創立されるなど，成田は北総の都市としての機能を整えていった。

　成田町の周辺は，谷津に刻まれた標高30m前後の平坦な台地と利根川に注ぐ根木名川の低地，印旛沼の低地が広がり，台地縁辺部に集村が点在する農村地帯であった。これらの低地と台地は大規模な開発事業の行われたところでもある。印旛沼の開発は江戸時代に4回計画され，いずれも成功しなかった。印旛沼は根木名川下流にあった長沼とともに，利根川からの逆流によってたびたび氾濫し，周辺の村々に大きな洪水被害をもたらした。明治30年代から昭和初期にかけて利根川の改修工事が行われたが，その後も内水氾濫に苦しめられ続けた。印旛沼では戦後1946年（昭和21）に，国営の干拓事業が始められ昭和40年代に完成した。長沼と根木名川は昭和40年代に空港関連事業に指定されて以後，急速に改修が進んだ。ともに現在では整然とした大区画の水田が広がっている。

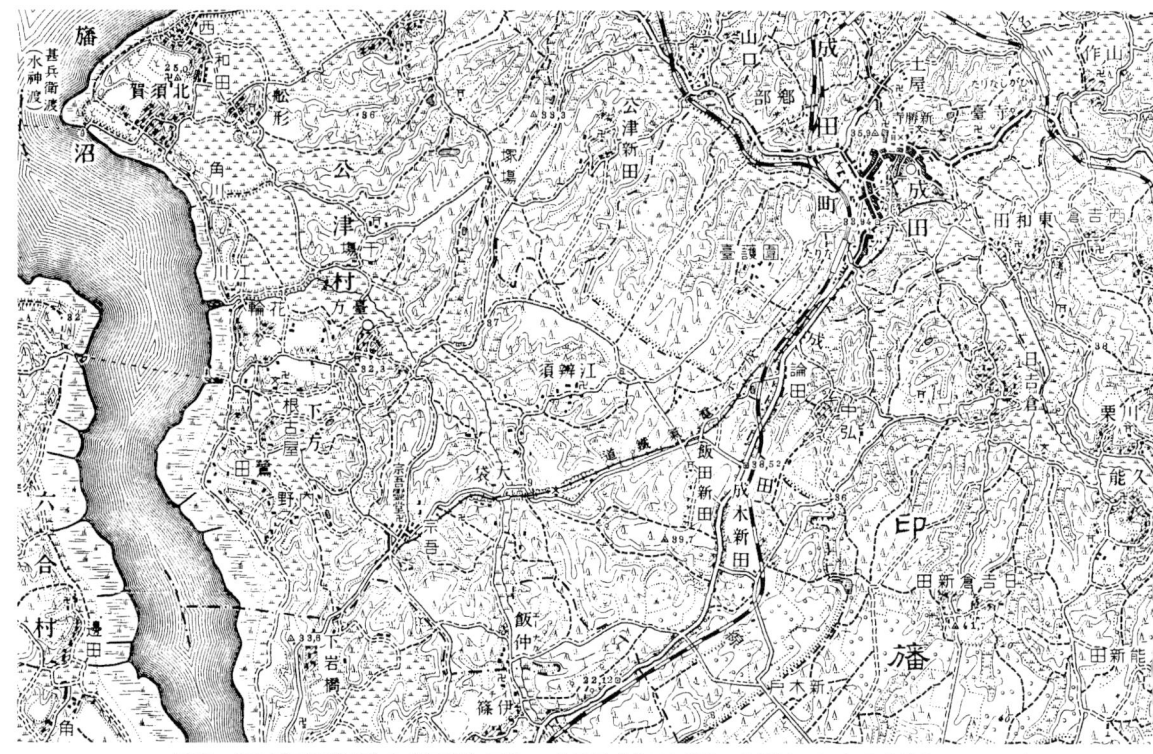

図65　1904年（明治37）の成田町（5万分の1地形図「成田」明治37年測図，大正2年鉄道補入，×0.95）

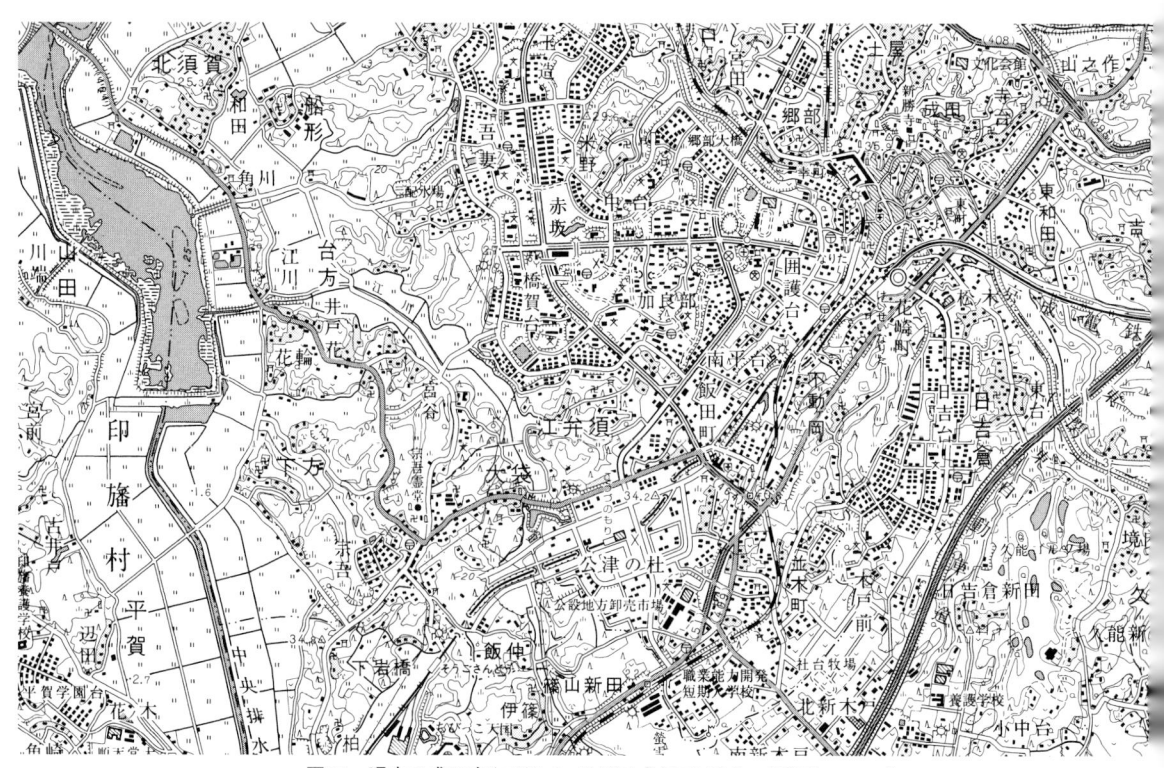

図66　現在の成田市（5万分の1地形図「成田」平成13年修正，×0.95）

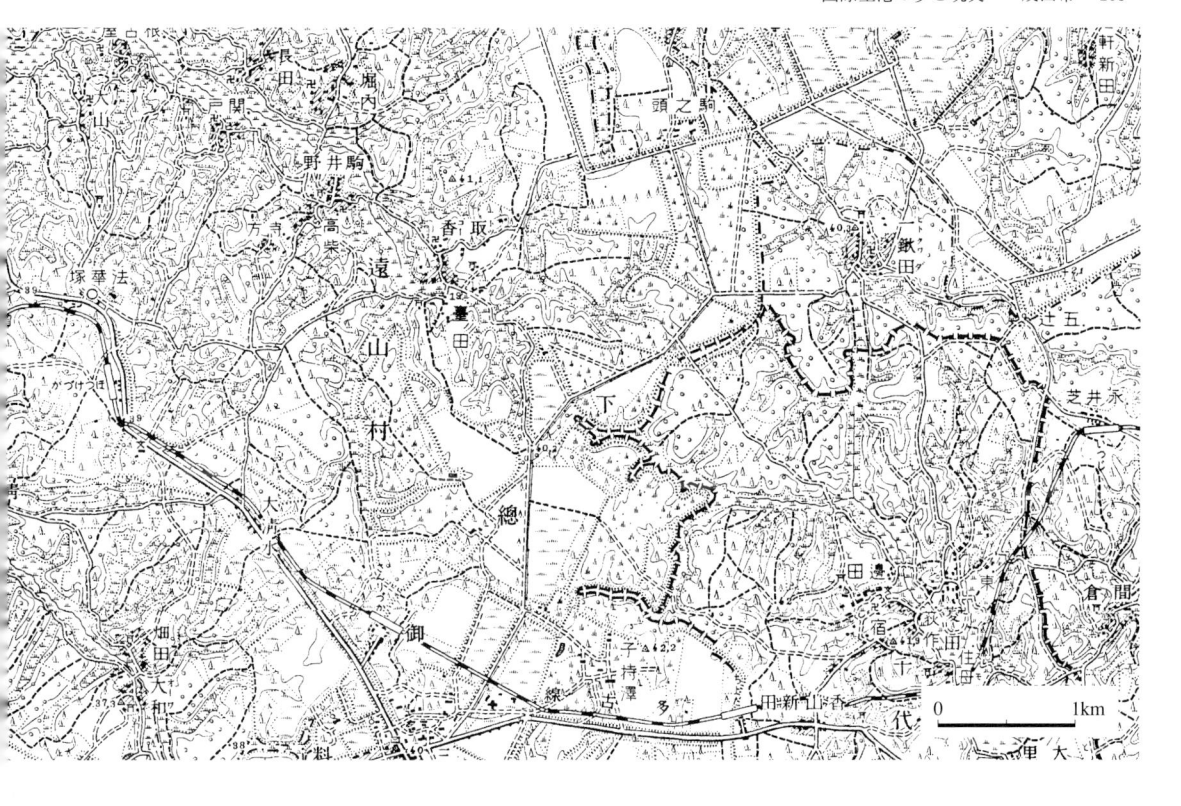

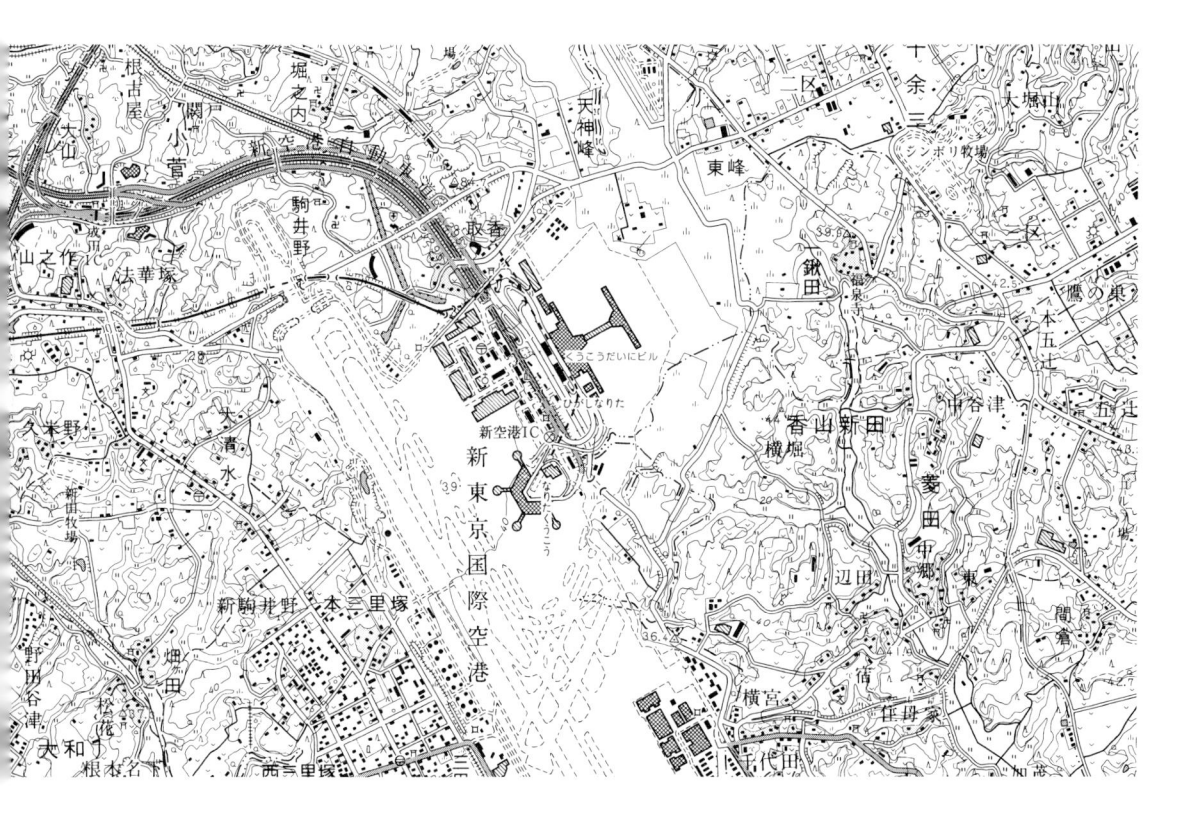

国際空港の夢と現実 — 成田市　105

図67 新勝寺門前町（『成田名所図絵』より）

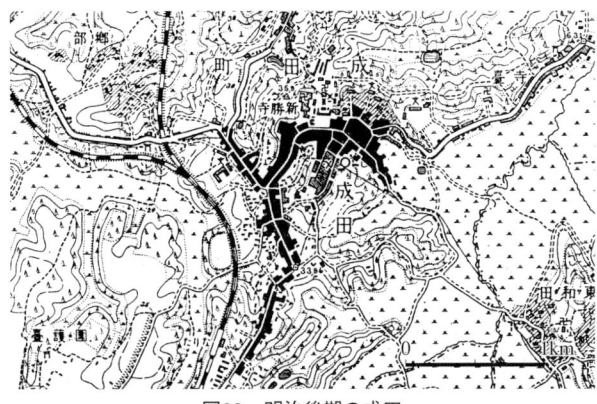

図68 明治後期の成田
（正式2万分の1地形図「成田」明治37年測図，×0.75）

一方，東部および南部の台地は江戸時代には，野馬の放牧場である牧として利用されていた。現在の成田市域東部には，佐倉七牧と呼ばれた牧のうち取香牧や矢作牧が広がっており，年に一度の馬の捕獲の他，鷹狩りなども行われていた。これらの牧では明治初期，東京の窮民救済などのために政府の方針のもとに開墾が始まり，矢作牧の開墾地には13番目に開墾されたことを示す十余三の地名が残されている。また取香牧には，欧米式の牧場事業を進めるために創設された下総種畜場の事業を引き継いで，下総御料牧場が設置された。

成田町は，1954年（昭和29）に明治中期の町村合併により成立した6カ村と合併し，千葉県内で11番目の市となった。このとき「東京，千葉の衛星的観光田園都市として画期的なる発展を期する」としていたが，その後の成田市は新勝寺の観光と門前町の商業，および農業を主に「観光田園都市」として推移した。1966年（昭和41）成田市は首都圏整備法の近郊整備地帯に指定され，まさに衛星都市として位置づけられたが，それは新東京国際空港の建設が閣議決定された年でもあった。

2. 新東京国際空港の建設をめぐって

新東京国際空港の建設された成田市東部の三里塚地区周辺は，九十九里浜側と利根川側両水系の分水界に近く，県内でも最も広い台地の平坦面をなしている。空港用地は成田市，芝山町，大栄町の1市2町にまたがっているが，そのうち成田市の面積は空港用地全体の9割以上を占めている。後述するとおり，三里塚周辺を空港用地としたのは，ここにある下総御料牧場の国有地と山林を主とする県有地を利用できることが一つの理由であったといわれるが，民有地の面積も多く，全体の68％を占めていた。しかも，その民有地の地目のうち7割以上が耕地および宅地であった。この地域は関東ローム層におおわれ，水利に恵まれない土地で，多くがこの一帯は明治以降の開拓地であった。空港用地となったところは，戦前から戦後にかけて御料牧場の一部が解放されて人々が入植した新しい開拓地が多く，東峰や天神峰などにも戦後入植が行われた。

こうした歴史を背景として，その後紆余曲折する「成田空港問題」が起こったのであった。1962年（昭和37），羽田空港に代わる新東京国際空港の建設が検討され始めた。新空港の候補地として上げら

れたのは，都心から近く，広い平坦地の得られる千葉県富里村，茨城県霞ケ浦周辺などであった。その計画面積は2,300haであった。1965年に，新空港建設が決定されると建設地は富里に内定した。ところがこれに対して地元の富里村と八街町が強く反対し，空港建設は膠着した。翌年になって，建設地は突然，富里村に隣接する成田市三里塚周辺にすることが閣議決定された。計画面積を当初の半分以下の1,060haに縮小し下総御料牧場の敷地を

写真25　空港用地から移転した神社（新駒井野地区）

利用すれば，建設用地内にあって移転を必要とする農家数も少なく，建設は比較的容易であろうとの見通しによるものであったといわれる。三里塚地区の住民は直ちに空港反対同盟を結成し，芝山町の反対同盟と合流し，三里塚・芝山連合空港反対同盟となった。芝山町では空港用地にかかる面積は少なかったが，第1滑走路の飛行路直下で騒音区域に当たっていた。成田市議会や芝山町議会はいったんは反対決議をしたものの，県議会が了承したこともあって，数カ月後に反対決議を撤回した。

　建設が決定された1967年，空港外郭測量を行おうとした空港公団とそれを阻止しようとした反対同盟とが衝突した。この頃から反対同盟に三派系全学連など支援の団体が合流し始め，反対運動は次第に激しくなっていった。1970年（昭和45）に土地収用法によって空港建設が事業認定されると，土地収用のための強制代執行が始まった。空港公団および警官隊と反対同盟及び支援団体との衝突が激しさを増す中で，1973年には滑走路1本が完成，1977年にはターミナルビルが完成した。この頃までに警官隊と反対同盟との衝突で双方に死者が出るなど，状況は改善する見込みもないまま，1978年（昭和53），成田空港は滑走路1本で開港した。

　しかし，1980年代に入ると新たな動きが見えてきた。すでに2派に分裂していた反対同盟のうちの一つであった熱田派，および政府・運輸省の両者から話し合いを求める機運が生まれてきた。空港問題の解決と地域振興を目指して組織された「地域振興連絡協議会」が調停して，1991年から「成田空港問題シンポジウム」が開かれた。このシンポジウムは隅谷三喜男氏を代表とし学識経験者からなる「隅谷調査団」が運営したものである。そのなかで，反対同盟，運輸省，関係自治体などの意見発表が行われ，「対立から対話」による問題の再検討が始まった。このシンポジウムはその後，1993年から1994年にかけて行われた「成田空港問題円卓会議」と「成田空港地域共生委員会」の活動へと引き継がれていった。共生委員会は，空港の建設や運用などの監査，および地域住民と空港との対話の促進を目指すものとされ，調査団のメンバー，地域住民，関係自治体によって組織された。また，1996年には運輸省があらためて，空港と地域との共生や空港および地域の整備に関する基本的考え方を明らかにした。さらに，1998年には円卓会議で提案された「地球的課題の実験村構想」の最終報告がまとめられ，「地域と共生する空港づくり大綱」が運輸省・空港公団によって示された。

　隅谷は，「シンポジウム・円卓会議はこの日本型民主主義の問題性を明らかにし，真の民主主義とは何であるかを当事者を中心に討議し，その回答を求めた歩みであった，と言ってよいのではないか」と総括している。一方，空港公団はあらたに平行滑走路完成を目標として示したが，その後，未買収

地を含まない2,180mの暫定滑走路の建設が進められた（2002年運用開始）。こうした展開に反対する動きは依然としてあり「空港問題」は新たな局面を迎えて，なお続いているといえよう。

　なお，成田空港の建設に伴って成田市をはじめとする空港周辺地域の整備が進められた。成田ニュータウンは空港と関連事業所の就業者の住宅地として，千葉県によって造成されたものである。当時の国鉄線をはさんで旧市街地の反対側に広がっていた公津原を開いたもので，面積483ha，計画人口6万人であった。1972年から入居が始まり，1995年では成田市内では最大の3万4000人余りの人口をもつ地区となった。東京から成田市街地を経て空港へつながる交通網の整備も進んだ。旧国鉄線の電化と都心へ乗り入れる快速列車の運行，東関東自動車道の開通は1970年代初めまでに完了し，1991年にはJR線と京成線の特急が空港に乗り入れた。また，空港の騒音区域にも当たる周辺地域には，工業団地やゴルフ場などの他，物流倉庫，空港利用者のための民間駐車場，ホテルなどの施設が立地してきた。

　一方，空港用地内および騒音区域内の民家については移転が進められた。1993年の調査によれば，空港用地からの移転先は成田市および富里町が多く，騒音区域からも，同じ市町村など比較的近くへ移転しているが，なかには他の都県へ移転したケースもあった。

3. 北総の中心都市

　正月元旦から5日間に成田山新勝寺を訪れる初詣客は300万人を超える。成田は観光都市である。現在の門前町でも土産物店や旅館が軒を並べるようすは変わらない。しかし，駅周辺で飲食店や一般商店が増加したり，自動車を利用する客のために国道側にも飲食店などが出店するなどの変化がある。参道の商店に外国語の案内がみられるようになったことなども，空港開港後の成田の「国際観光都市」としての変化をあらわしている。

　成田市の人口は市制施行後の1955年には約4万5000人であったが，成田ニュータウンの入居などによって増加を続け，2000年には約9万5000人となった。成田市の昼間人口をみると，昼間人口が夜間人口を大きく上回っている。昼夜間人口比は県内の都市の中では最高値を示す。就業地としての空港と関連事業所，それに伴う商業施設などの集積によって，成田市へ流入する人口が，成田市から千葉市や東京都心への通勤人口を上回っているからである。成田ニュータウンをはじめとして，市内各所の住宅開発地には，首都圏通勤者とともに空港関連の就業者が入居している。

　成田市には，古くからの農業と「新勝寺のまち」，首都圏における住宅地，そして「空港のまち」と，新旧の多様な特徴が併存している。

〔安藤　清〕

(参考文献)
普及版成田市史編集委員会(1994)：『図説 成田の歴史』，成田市．
宇沢弘文(1992)：『「成田」とは何か』，岩波書店(岩波新書)．
隅谷三喜男(1996)：『成田の空と大地』，岩波書店．
(財)千葉県史料研究財団編(1999)：『千葉県の歴史 別編 地誌2』，千葉県．

「水郷」と「小江戸」

佐原市

写真26　小野川沿いの町並み

1．利根川水運と佐原

　江戸末期，安政年間に記された『利根川図志』で「佐原は下利根附第一繁昌の地なり。村の中程に川有りて，新宿本宿の間に橋を架す……。米穀諸荷物の揚下げ，旅人の船，川口より此所まで，先をあらそい兩岸の狭きをうらみ，誠に水陸往來の群集，晝夜止む時なし」と紹介されている。16世紀末，六斎市が開かれた頃から，利根川に注ぐ小野川の周辺に町並みが形成され，やがて銚子から江戸への利根川水運路が整備されて以降，佐原は利根川筋の主要な河港商業都市として成長した。

　佐原は周辺の農業地帯から集められる米穀の取引や，17世紀後半に始まりやがて「関東灘」と称されるほどに発展した酒などの醸造で，繁栄をきわめるようになった。江戸との文化の往来も盛んに行われ，多くの文人墨客がおとずれた。そのにぎわいは「お江戸見たけりゃ佐原へござれ　佐原本町江戸まさり」とうたわれるほどであった。こうした環境の中で，佐原には多くの文化人が生まれた。初めて科学的な日本地図『大日本沿海輿地全図』を制作した伊能忠敬が，佐原で米穀商と醸造業を営む商人であり，引退後，江戸へ出て測量事業に取りかかったことはよく知られている。

　明治初期の佐原の人口規模は，6,411人（明治7年）で千葉県内第4位（『千葉県史　明治編』，p.470），関東でも佐原は有数の都市であった。とくに商業については東金や銚子と並ぶ中心地であった。

　近世まで水運の整備と治水を重視して改修されてきた利根川は，1900年（明治33）の利根川改修計画から，大規模な洪水流に対応しようとする高水位工法に基づいて改修，流路変更が進められるようになるが，1890年，利根川と江戸川のバイパスである利根運河が開かれたように，利根川水運は依然として物資輸送に利用され続けた。水運と競合する鉄道延伸が進められるなか，1898年（明治31），成田鉄道が佐原まで開通したが，鉄道の終点であった佐原は変わらぬにぎわいを見せている。佐原が利根水運の中継地点に加えて，下利根地域と霞ヶ浦水系一帯に及ぶ広大な後背地をもつ人と物資の集散地としての役割をもっていたからである。やがて，水運をめぐる佐原の繁栄は，1933年（昭和8）に利根川に並行した鉄道が銚子まで開通するとしだいに衰えていくことになる。ただ，すでに形成され

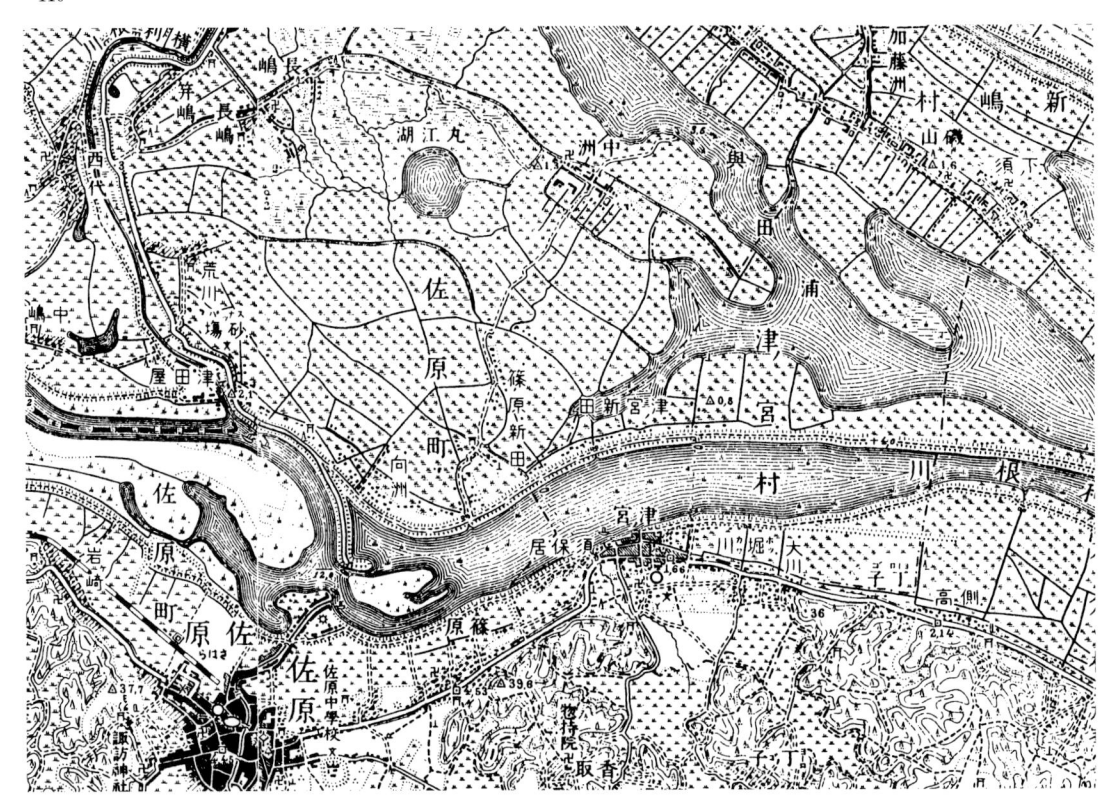

図69　1906年（明治39）の佐原町（5万分の1地形図「佐原」明治39年測図，「鹿島」明治36年測図，原寸）

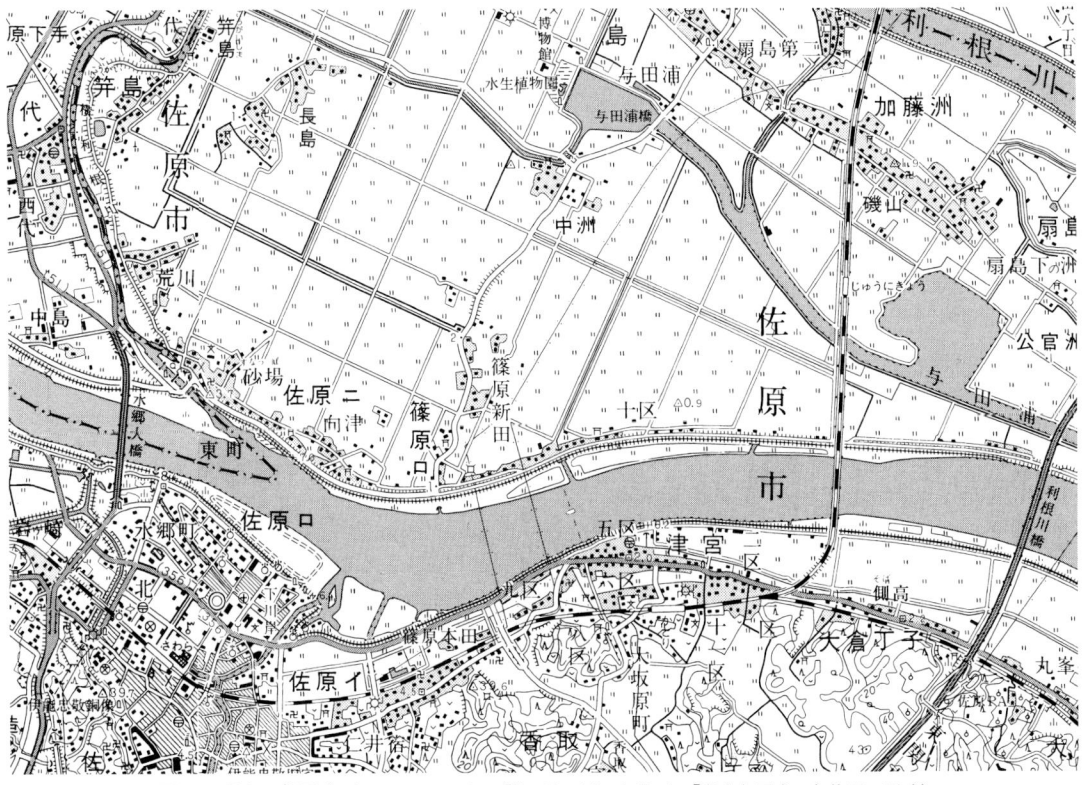

図70　現在の佐原市（5万分の1地形図「佐原」平成9年修正，「潮来」平成13年修正，原寸）

た佐原の中心都市機能は，水運に依存していた時代が過ぎ，衰微傾向が明らかになった後も維持され続けた。水運に関しても，佐原では依然として重視され続けたようである。戦後，小野川から引き込む形で，国鉄佐原駅の北側に港が掘削された。農産物輸送の積み替えを目的とする一方，ここを発着点とする観光遊覧船も運行されていた。しかし，この佐原港は十分に利用されないまま，1970年代中頃に埋め立てられている。

　1951年(昭和26)，佐原町は香取町・香西村・東大戸村と合併して佐原市が成立し，1955年(昭和30)，津宮村・大倉村・瑞穂村，それに利根川北岸に位置する新島村と合併した。いずれも，従来から佐原と強く結びついていた周辺農村地帯の町村である。

2．水郷の生活と変化

　佐原市街地は北側の利根川低地と，南側の谷津に刻まれた下総台地の境界に位置する。これらの低地と台地は，近世以降，新田開発が行われたところである。南部の台地上には江戸時代に牧が置かれていたが，江戸時代後半から明治時代にかけて畑作集落が開かれた。一方，利根川の乱流する北部の低地には利根川東遷以降，土砂の堆積が進んだ低湿地に江戸時代初期，稲作集落が開かれた。佐原を中心とする利根川流域は水郷と呼ばれるが，それはこの一帯を指している。

　佐原の北部一帯は中世まで香取の海（香取の浦）と呼ばれる内海で，その周辺には多くの津（河港）があり，水上交通が盛んに行われていたところである。一説に香取の語源が船の「かじとり」にちなむといわれる。この浅海に流入河川がつくった砂州をもとに，16世紀末から17世紀中頃までに16ヵ村が開拓された。これらは，十六嶋新田と呼ばれた。州がやがて島となり，さらに干拓が進んで水面はしだいに狭められてきた。図中に見える八筋川・長島・扇島などは，現在，利根川・横利根川・常陸利根川に囲まれている佐原市域の村々である。集落は自然堤防上に列をなして，あるいは塊状となって立地している。ちょうど，濃尾平野に見られる輪中と同様，堤防で囲まれた周辺に微高地が連なり，その内側に湿田，中央に湖沼が残るスリバチ状の地形になっている。

　人々は，水を利用し恩恵を受ける一方，日常的に水と闘う生活を繰り広げてきた。秋の台風時期に発生する水害を避けるため，早場米地帯を形成した。水田単作を生業とし，わずかな畑田で畑作物を自給し，淡水魚類を獲る一方，屋敷には盛り土がほどこされ，縦横に走るエンマ（江間）をサッパ舟と呼ばれる農舟が行き来していた。「花嫁さんは舟で行く」と歌われたが，それはとりもなおさず，屋敷を一歩出ると生活すべてが水上で行われたことを示している。壊滅的な被害をもたらした1910年（明治43）の大水害以後，利根川の治水工事が進み，堤防の決壊はなくなったが，常に水害の危険にさらされている地域である。

　水郷の生活は昭和30年代まで続いた。1964年（昭和39）から1978年にかけて，建設省による常陸利根川および利根川の浚渫改修工事と並行して，県営圃場整備事業が行われた。その結果，乾田化された水田は整然と区画され農道や用排水施設が整備された。中央に広がっていた与田浦も干拓され一部を残すのみとなった。今や大規模経営の可能な稲作地帯に生まれ変わり，畑作転換による施設園芸なども行われている。1969年，与田浦のほとりに開園した市立水生植物園や，農舟を使って，潮来から加藤洲を通って与田浦まで周回する「十二橋めぐり」観光が，かつての水郷の風情を残している。

3.「北総の小江戸」の現在

　昭和初期，新聞社が主催した「日本八景」選定に当選したことを契機に，佐原の「水郷」観光開発が始められた。1957年（昭和34）には「水郷国定公園」（現在は水郷筑波国定公園）の指定を受け，以来，佐原は水郷観光の拠点として名を広めてきた。商業都市であり，農業地帯でもある佐原は，また観光地としての性格ももっている。

　ところで，佐原の周辺に目を転じると，昭和40年代に成田空港の建設と鹿島臨海工業地帯の造成が行われた。こうした周辺開発の影響は佐原市にも及んだ。利根川に沿って銚子方面へと向かう成田線から分岐する鹿島線の開通や，東京都心から成田空港を経て潮来までのびる高速道路，東関東自動車道が市東部に建設されたことの背景には，これらの開発事業がある。また，現在の佐原市民の通勤先（1995年国勢調査結果）をみると成田市への通勤者数が群を抜いて多く，また鹿島市や神栖町への通勤も多い。また51号と356号の2本の国道は，市街地を迂回するバイパスとなり，現在この国道沿いに新しい市街地が形成されつつある。岩ヶ崎台，水郷町などの新しい住宅地も造成されてきた。

　しかし，佐原市の人口は現在の市域になってから，5万人を前後しながら推移している。人口構成は変化したものの，40年間にわたってほぼ同じ人口規模を維持してきた。新市街地に立地した店舗や公共機関に人々が流れる今，かつての繁栄の中で形成された旧市街地は半ば取り残されたようになり，そこに貴重な文化財としての町並みが保存されてきた。

　近年，佐原市は「北総の小江戸」として観光の活性化を図っている。1974年（昭和49）の文化庁補助事業による調査以来，旧商業地区の町並み保存の動きがみられ，1990年代には市民の間から保存運動が本格化し，1994年，佐原市歴史的景観条例が制定され，1996年には国の重要伝統的建造物群保存地区に指定された。関東地方では初めてのことであった。指定地区は，小野川と香取街道が交差する「忠敬橋」（前述『利根川図志』に記された「橋」である）を中心として東西南北にそれぞれ400～500mの範囲に集中している。地区の中には，蔵づくりの町家，土蔵，大正時代のレンガ造りの洋風建築などが多様なたたずまいを見せており，国指定史跡の伊能忠敬旧宅，記念館のほか，県指定文化財の建物も点在する。一般の住宅や旅館なども景観にあわせて修築したり，小野川沿いの並木などにも配慮がなされている。また，江戸時代から「見物の群集人の山をなし，まことに目ざましき祭なり」（『利根川図志』）とされた7月と10月に行われる祭りも，旧市街地を舞台に山車，囃子，踊りとにぎやかに行われる。

　佐原を訪れる観光客は380万人（2000年）にのぼる。年間の観光客数の推移をみると佐原の観光の特徴がわかる。正月の香取神宮参拝，春の桜の花見，6月の水郷でのあやめ見物，7月の八坂神社夏祭り，10月（諏訪神社）の秋祭りにそれぞれ，多くの人々を集めている。

　佐原は変化の中に取り残されてきたようにもみえるが，それゆえに保存されてきた歴史と文化が脈々と息づいている。

〔安藤　清〕

（参考文献）
佐原市役所編（1966）：『佐原市史』，佐原市．
千葉県編（1962）：『千葉県史　明治編』，千葉県．
千葉県史料研究財団編（1996,69）：『千葉県の歴史　別編地誌1，2』，千葉県．

東京湾アクアラインにかける希望

木更津市

写真27 東京湾アクアラインに浮かぶ人工島「海ほたる」

1. 港町・木更津

　1603年（慶長8）徳川家康が幕府を開いて江戸が政治の中心となると水運が飛躍的に発達した。その一つが，内陸河川交通の隆盛であり，他の一つは海上交通の発達であった。房総における海上交通の拠点の一つが木更津であった。

　木更津は中世の頃から対岸の三浦半島との間に定期船の往復があり，古くから港町として成立していた。江戸期になると，元禄（1688～1703年）の頃より港町として大いに栄えた。木更津と日本橋本船町の河岸（通称「木更津河岸」）の間には「木更津船」と呼ばれる渡船が往来していた。木更津船の由来は，1614年（慶長19）の大坂夏の陣に際し，幕府が木更津の水夫24人を徴用し，そのうち12人が戦死したことに端を発する。戦死した水夫の妻子はいずれも生活困窮に陥った。幕府はその功績に報いるため，木更津付近2万石の幕府領地から納められる年貢米の輸送権を遺族も含めて24人に与え，これを代々継承できることとした。さらに，江戸府内に先の木更津河岸の特設と，安房・上総への渡船営業独占の特権も与えた。以後，木更津は房総と江戸を結ぶ海運の拠点として発展することになる。

　木更津船には60～500石（9～75トン）規模の五大力船と呼ばれる船が使用されていた。五大力船は海船造りの構造ながら，河川（運河）を航行して直接江戸市中の河岸に接岸できるように船の幅は狭く，喫水も浅くつくられていた。江戸と房総を結ぶ航路は，木更津の他，千葉の登戸・寒川・曽我野，富津，飯野（佐貫），安房の勝山，北条などにもあった。

2. 軍都・木更津

　明治以降，東京湾口に位置する木更津周辺には海軍の施設が多く建設された。古くは1877年（明治5）に，富津岬に首都防衛の先鋒として富津砲台が建設された。さらに富津の海岸線には，海に人工の島をつくり砲台を築く海堡が，第1（1880年竣工）から第3（1921年竣工）まで建造された。

　1936年（昭和11），木更津港北方の遠浅の海約230haを埋め立て，木更津海軍航空隊基地が建設され

図71　1903年（明治36）の木更津町（5万分の1地形図「木更津」明治36年測図，×0.9）

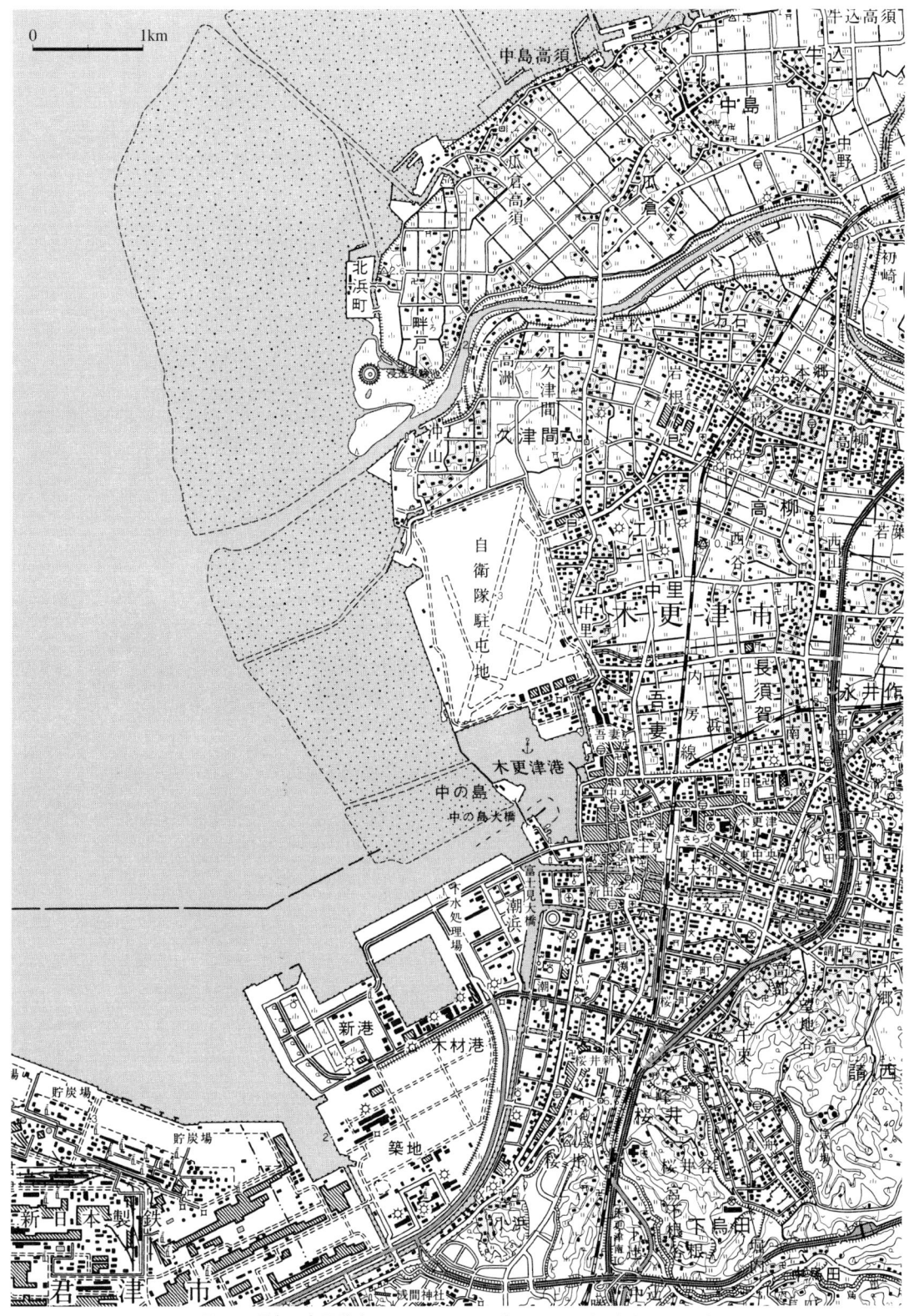

図72　現在の木更津市（5万分の1地形図「木更津」平成9年修正，×0.9）

た。同時に基地建設のために浚渫された木更津港も，軍港・商港・漁港として同年12月に完成した。1941年には隣接して第2海軍航空廠が岩根および江川地区に建設された。航空廠の周辺には多くの工員宿舎も建設され，ピーク時には約1万7000人もの工員が在籍していたとされる。こうして，木更津は急速に軍都としての色彩を帯びるようになった。現在みられる自衛隊駐屯地やJR巌根駅周辺の道路は，海軍関連事業で整備されたものである。なお，木更津周辺の海軍関連施設は，東京湾内において絶対的な地位にあった横須賀の補助的機能を担っていた。

戦後，海軍航空隊基地には一時米軍航空部隊が進駐したが，米軍が横田基地へ移転した後は自衛隊に移管され，現在では航空自衛隊第1補給所，陸上自衛隊第1ヘリコプター団などが使用している。

3. ノリ養殖から工業化・都市化へ

ノリ養殖　木更津の北部を流れる小櫃川河口には，弧状の三角州平野が広がっている。現在でこそ，周辺地域の海岸線は埋め立てられ盤洲(畔洲)干潟を残すのみとなったが，かつて約16kmにわたる木更津海岸は遠浅の砂泥干潟であった。そのため木更津は古くより浅海漁業，とりわけノリ養殖が盛んであった。ノリ養殖は，江戸末期に現在の富津市大堀地区で行われていたものが，明治中期木更津に導入されたことによる。昭和初期以降は，従来の粗朶篊移植による養殖法から網篊法へと技術革新され，生産は拡大した。第二次世界大戦後は消費の伸びに加え，1960年代に人工採苗とベタ流し養殖法の導入および乾ノリづくり工程の機械化が図られ，生産量は飛躍的に増大した。それにつれ海苔養殖漁家も増加し，1968年には1948戸(漁家全体の約95％)を数えた。

1950年以降，千葉県は工業化施策の一環として海面埋立事業に着手した。以後，浦安から富津岬にかけての東京湾内湾地域は，日本経済の高度成長に歩調を合わせ，工業用地や住宅用地として埋立造成されていった(図73)。

新日本製鐵君津製鉄所　木更津において本格的に海面埋立が行われるのは，隣接する君津市に八幡製鉄(現　新日本製鐵)君津製鉄所が立地決定してからである。日本経済が高度成長の道を歩み始めると，鉄鋼各社は増大する需要に対応する形で東西2生産基地体制の確立を急いだ。当時，東日本に生産拠点をもたなかった八幡製鉄は，千葉県君津市に新鋭製鉄所の建設を決定した。工業用地は1962年(昭和37)以降木更津から君津にかけての海面を順次埋め立て，1982年にはほぼ現在の造成地(約1,287万㎡)ができあがった。1965年君津製鉄所が発足，1968年(昭和43)には第1高炉の火入れが行われた。君津製鉄所は当初から大消費地近接立地型の製鉄所として立ち上げられた。すなわち，君津製鉄所ではコンピュータシステムを用いた最新鋭の設備を導入することにより，厚板から薄板，線材まで，需要家の多様な要求に迅速に対応できる生産体制と，

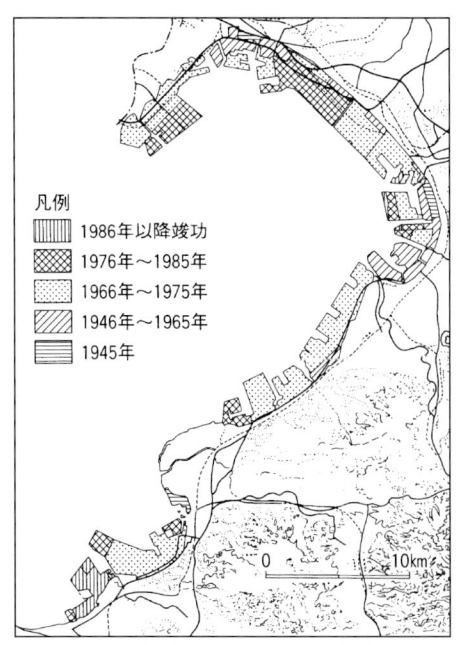

図73　千葉県臨海部における年代別埋立地域の推移
(国土庁：『東京湾』，1993年などにより作成)

受注から納品までの一貫した生産流通管理システムの構築が行われた。

　1970年に八幡製鉄と富士製鉄が合併し新日鐵が発足した後も，君津製鉄所は関東地方に立地する唯一の新鋭製鉄所であった。1970年代後半以降，本格的な鉄鋼不況に移行すると，新日鐵は全社的な生産効率追求の見地から，生産設備の集約化に取り組んだ。その結果，社内の釜石や堺，広畑など設備の古い製鉄所の溶鉱炉が相次いで休止されたのに対して，西日本の八幡・大分，中部の名古屋と並んで，君津製鉄所はおもに東日本地域の鉄鋼供給基地として位置づけられた。さらに，1991年には，生産現場と結びついた基礎研究から応用研究にわたる幅広い研究機能を備えた総合技術センターが君津製鉄所に隣接して開設された。以上のような経緯から君津地域は現在の新日鐵の生産体系において，中核的な役割を担う位置にある。

　地域の変化　　八幡製鉄は君津立地に際して，鋼板や鋼管加工を行う関連企業を製鉄所構内や近隣に多く立地させることにより，製品の加工処理の度合いを高め，高付加価値・即納出荷体制の確立を目指した。そのため君津市や木更津市には下請け・関連企業が多く立地し，一挙に周辺地域の工業化が図られた。あわせて，製鉄所の立地を契機に八幡製鉄所の本拠地である九州方面から，多くの人口流入がみられた。木更津市では1960年に5万2689人であった人口が1976年には10万人（2000年12万2768人）を突破し，清見台や八幡台など大規模住宅団地の開発が行われた。

　臨海部の工業化・都市化が急速に進展すると，ノリ養殖業に従事する漁民は生産の場を放棄せざるを得なくなった。木更津市では1960～70年代の埋立事業の実施により漁業権を放棄する漁民が相次いだ。その結果，1983年のノリ養殖業者は875戸と激減した。その後，生産環境の悪化に加え，過剰生産，ノリ価格の低迷，過剰な設備投資などにより，1993年には302戸にまで減少している。なお，図73に見られるように，木更津市周辺地域の埋立事業は石油ショック後の経済環境悪化と県の漁業保護政策により，1972年の袖ヶ浦町（現 袖ヶ浦市）奈良輪を最後に終了し，小櫃川河口の金田地区は埋め立てを免れた。

4. 巨大プロジェクトと地域経済の活性化

　かずさアカデミアパーク　　千葉県は長らく「半島性」という地理的条件が交通体系や産業立地の面において制約となってきた。人口や経済諸活動が県西部地域および東京湾臨海地域に集中する一方，千葉市以東の内陸部や南房総地域の開発は遅れた。木更津市周辺地域をみても，確かに臨海部は工業地域として開発されたが，多くが鉄鋼や石油化学などの大型装置系工業の立地であり，一部の地域を除いて地域の工業化に寄与する度合いは低かった。交通網の整備も千葉県西部地域とは格段の差がある。

　房総地域の発展には内陸地域の開発と産業構造の高度化，交通網の整備が不可欠である。1983年，千葉県は「千葉新産業三角構想」を策定した。この構想は「幕張新都心」「成田国際空港都市」「かずさアカデミアパーク」の三大プロジェクトからなり，千葉市，成田市，木更津市を中心に業務・物流・研究などの諸機能を集積し，これらを有機的に結合させることにより，県内に広くその成果を波及させ，均衡と活力ある地域構造を実現させようというものである。

　かずさアカデミアパークは木更津市中心部から矢那川沿い約8kmさかのぼった丘陵地帯に位置している（図74）。その基本構想は1984年に策定され，先端技術産業の研究開発拠点の建設が目指された。

事業計画は2期にわたっており、現在約278haに及ぶ第1期事業地区の造成が終わり、矢那川ダムの建設や周辺道路の整備が行われている。土地造成は地主である新日鐵、伊藤忠、フジタ、三井不動産が土地区画整理事業方式で行った。1994年には他に先駆けて「かずさDNA研究所」が開所し、1997年にはホテルや会議場のある「かずさアーク」も完成した。しかし、景気後退のあおりを受け、民間の研究所や研究開発機能の立地は、現在多くが凍結状態にある。

本計画地域は最大約1万6000人の人口規模を想定しているが、住宅や教育、ショッピングなどの生活関連サービスは、木更津市などの母都市に依存することになっている。その意味で、職住一体の都市づくりがなされた筑波学園都市とは対照的である。

東京湾アクアライン　1997年12月18日、木更津におけるもう一つの巨大プロジェクトである東京湾横断道路（東京湾アクアライン）が開通した。この道路は15.1kmの自動車専用有料道路で、木更津市と対岸の川崎市を約15分で結ぶ。海上部分14.3kmのうち木更津から4.8kmが橋梁、川崎から9.5kmがトンネルとなり、接続部分に木更津人工島（海ほたる）がある。この構想は1950年代からあったが、東京湾に橋を架けるという「夢のプロジェクト」が実際に動き始めるのは、1966年に建設省が調査を開始してからである。その後、紆余曲折を経て1976年に日本道路公団がこれを引き継ぎ、1983年の閣議決定、1985年の中間調査報告公表を受けて、ようやく実現に向けて動き出した。1986年には「特別措置法」が施行され、関係7地方公共団体、日本道路公団の出資による第三セクター東京湾横断道路㈱が設立された。本事業は総工費1兆4400億円の大型民活プロジェクトであり、東京湾横断道路㈱が建設・管理を行い、日本道路公団が道路を所有し運営するという方式を採っている。東京湾横断道路は、東京湾岸道路、東京外かく環状道路などと一体となって首都圏における広域幹線道路網を形成し、首都圏の各諸機能の再編成や地域経済の活性化を促すことが期待されている。しかし、開通から約半年経った1998年5月31日現在の1日平均利用車両は約1万1900台であり、予測されていた2万5000台にはるかに及ばない。経済状況に左右されるとはいえ、巨大プロジェクトをどのように地域経済の活性化と結びつけるのか、地域の側のビジョンと主体性が厳しく問われている。

〔竹内裕一〕

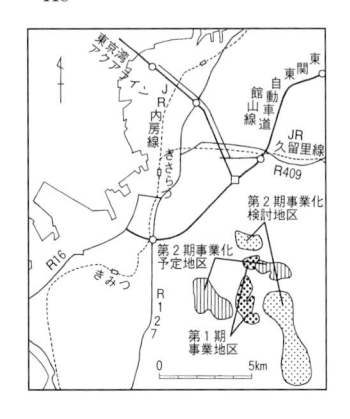

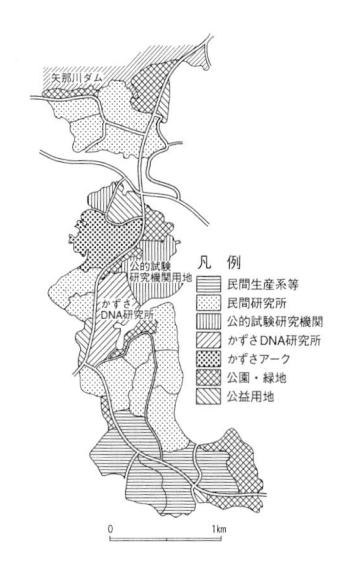

図74　かずさアカデミアパーク第1期事業地区の土地利用（1998年3月現在）
（千葉県企画部かずさアカデミアパーク推進室資料により作成）

（参考文献）
千葉県史料研究財団編（1996）：『千葉県の歴史 別編 地誌1 総論』、千葉県.
高橋在久編（1993）：『東京湾の歴史』、築地書館.
朝日新聞千葉支局（1987）：『追跡・湾岸開発』、朝日新聞社.

南房総の中心都市 館山市

写真28　里見氏の居城であった館山城

　千葉県最南端部に位置し「南総里見八犬伝」ゆかりの地として知られている館山市は，館山平野の砂丘列上の集落と平野南端に位置する里見氏の城下町から発達したまちであり，南房総地域の中心都市としての機能をもっている。過疎化が進行している地域にもかかわらず，館山市の中心機能は年々強化されつつある。また，多様な観光レクリエーションを楽しめる南房総の観光拠点でもある。

1. 砂丘列上の集落と城下町から発達したまち

　1889年（明治22）の町村制施行によって，現在の館山市には館山町と北条町の二つの町および豊津村ほか8村が誕生した。1903年の地形図（図75）をみると，北条町が位置する館山平野（北条平野ともいう）には，南北に連なる線状の集落が平行して分布している様子がわかる。東側から順に，国分，上野原，北条，三軒町である。館山平野は南北に走る4列の砂丘列とその間の後背湿地からなっており，この砂丘列上に集落が立地しているためである。古代，安房の国の中心であったのは，最も東方に位置する国分であった。平野の開発が進むにつれて，中心集落は国府の砂丘から上野原へ，さらに西方の北条へと移動し，最前列の砂丘上にも集落が形成されてきた。

　一方，汐入川を挟んで北条町の南方に位置する館山町は，1590年（天正18）里見義康によって城山に館山城が築かれたことが都市的起源とされている。最前列砂丘上に城下町として上町・仲町・下町が生まれた。また城下には港が建設され海上交通の拠点であった。その後，1614年（慶長19）の里見氏の改易によって館山城は破却され城下町としての機能は失われたが，東京～館山間の東京汽船就航にみられるように，海上交通の拠点としての機能は維持された。

　この館山町の旧城下町と北条町の北条集落が連続した様相を呈した状況が図75である。郡役所・警察署などが置かれ安房地方の行政の中心地であった北条町の北条と旧館山城下町を結びつけているのが北条町長須賀であり，長須賀は各種商店・問屋が立ち並ぶ商店街を形成していた。

　那古船形まで開通していた現在のＪＲ内房線が館山駅（当時の安房北条駅）まで延伸されたのは1919年（大正8）であった。館山駅が最前列の砂丘列上に設置されると，北条砂丘列上にあった市街の

図75　1903年（明治36）の館山町・北条町・豊津村（5万分の1地形図「北条」「那古」明治36年測図，原寸）

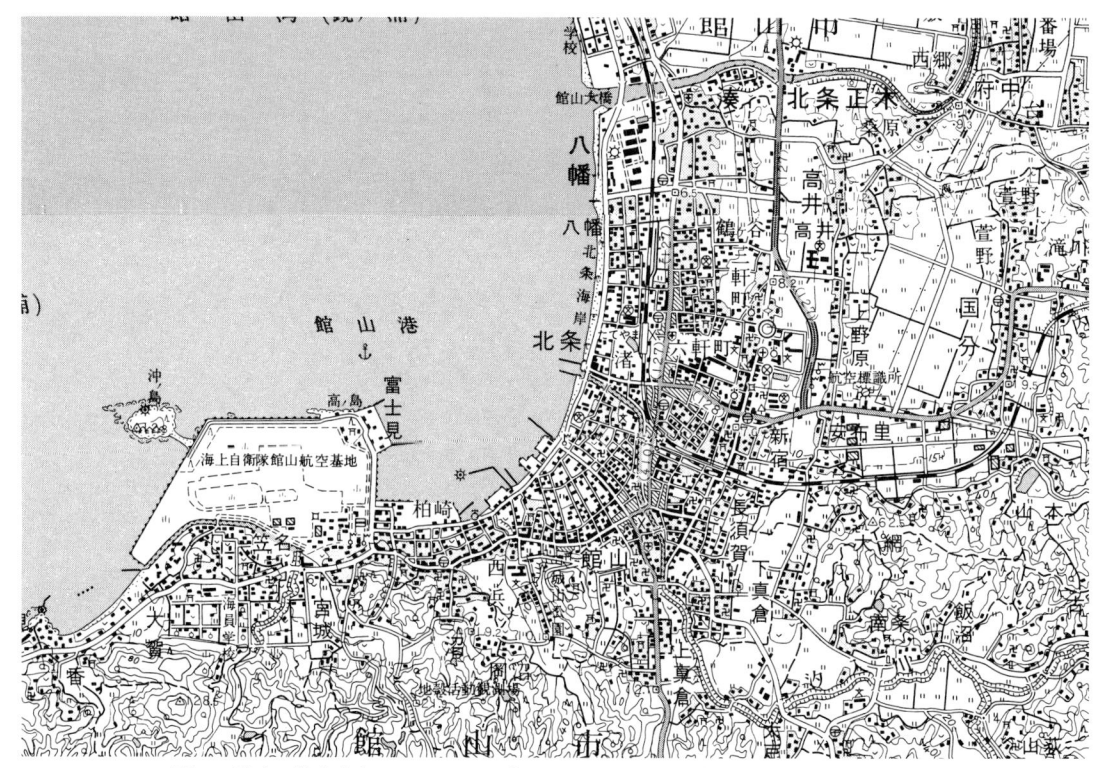

図76　現在の館山市（5万分の1地形図「館山」平成5年修正，「那古」平成11年修正，原寸）

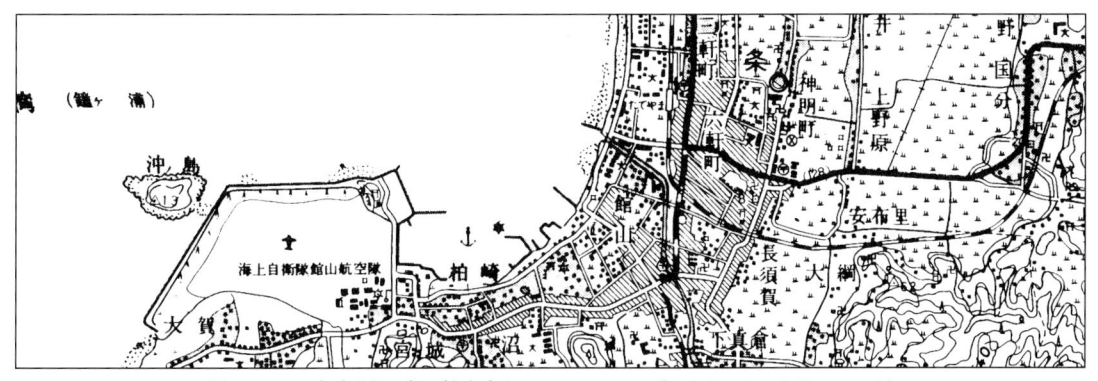

図77　1967年（昭和42）の館山市（5万分の1地形図「館山」昭和42年修正，原寸）

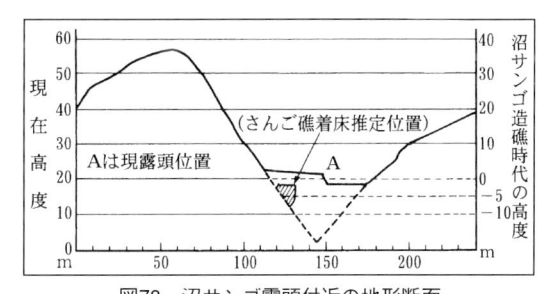

中心はさらに西方に移動し，現在の内房線の東側に平行する新たな中心地の成立をみることになる（図76）。現在の館山市の中心地である駅前には三軒町・六軒町の地名をみることができるが，鉄道開通以前には民家が数軒程度しか存在しなかったことをうかがわせる。

図75と図76とを比較すると，館山市街地の西方に位置する柏崎～笠名付近の地形の変化が目

図78　沼サンゴ露頭付近の地形断面
（前田四郎：『新・千葉県　地学ガイド』，1993年，コロナ社より）

につく。この地区では，沿岸州（海岸に沿って海底に発達する砂の高まり）がよく発達している。この沿岸州は埋め立てられて，戦時中は館山海軍航空隊が，現在は海上自衛隊館山航空隊が利用している。沖合500mにあった高ノ島は埋立地の一部となり，沖ノ島は砂州の発達によって埋立地と地続きとなった。なお，ヤブニッケイやタブノキなどの照葉樹のほか日本では北限といわれるサンゴをはじめとした多様な海岸動植物が生存する沖ノ島は，南房総を代表する自然を体験できる島でもある。

館山湾周辺には，間氷期である今から約6,000年前の縄文時代に堆積した地層が分布している。この地層は，ここから多数のサンゴの化石が見つかっていることから，「沼サンゴ層」といわれている。柏崎の海岸から南方約1kmの沼地区の谷間では，群体をなすサンゴの化石をみることができる。沼サンゴの露頭は，図78に示したように，標高50mほどの山に挟まれた谷に形成された河岸段丘堆積物の最下部（標高10～18m）にある。このことは当時の海水面が現在よりも20m程度高く，現在の谷は南から北に延びる二つの岬の間の小さな湾であったことを示している。温暖で波静かな入り江の環境がサンゴの生育を可能したと考えられている。その後の海水面の低下とたび重なる巨大地震による地盤の隆起とによって，現在の姿をとるに至った。

2．南房総の中心都市

千葉県内各市町村の常住者の通勤先を分析すると，主要な通勤先としては，東京都内のほか県内では千葉市・茂原市・成田市・館山市の4市をあげることができる。1990年時点で館山市への通勤者が就業者の5％以上を占める町村は，鋸南町・富山町・富浦町・三芳村・丸山町・和田町・千倉町・白浜町の8町村である（図79）。1980年では7町村であり，10年の間に1町増加している。また，館山市

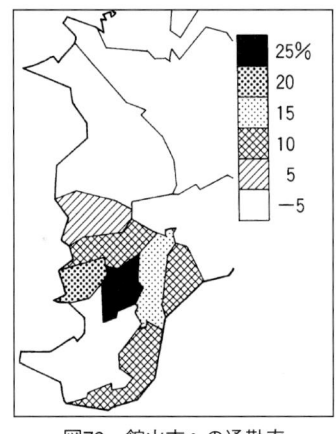

図79　館山市への通勤率

への通勤率の10年間の変化をみると，大半の町村で増加しており，とくに三芳村・富浦町・丸山町・富山町・白浜町では5％以上の増加である。

また，千葉県の商圏をみると，商業中心都市は県都千葉市をはじめとして10都市存在するが，館山市は南房総で唯一の商業中心都市として位置づけられる。館山市の一次商圏（吸引率30％以上）は，前述した1990年時点で5％以上の通勤率を示す8町村である。南房総地区では人口が減少傾向で推移しているにもかかわらず，1980年代半ばには二次商圏（吸引率10〜30％）であった鋸南町が一次商圏になったほか総吸引人口も増加しており，館山市の吸引力は強まっている。

すでに述べたように，明治・大正期の中心商店街は長須賀であった。しかし，鉄道の開通に伴って館山駅前に新たな商店街が形成される昭和期になって，長須賀商店街の繁栄は失われた。現在の館山の中心商店街は，館山駅東口を中心として国道127号に沿って南北に延びる館山銀座商店街である。1.3kmほどの同商店街には約200店舗が軒を並べているが，約6割が買回品店で構成されている。また大型店舗が3店あり，周辺町村の買い物客を吸引する南房総の中心商店街となっている。しかし，駐車場不足・無歩道で幅員の狭い道路・交通渋滞など，中心商店街に求められる利便性と安全性に関して多くの問題を抱えている。

一方，館山は南房総における観光レクリエーションの拠点でもある。1919年（大正8）の現JR内房線の館山までの延長以後に観光開発が進展した。とくに北条海岸は海水浴場として著しい発展を遂げ，昭和初期には臨海学校生を中心に年間20万人を超える海水浴客を集める房総最大の海水浴場に成長した。近年の海水浴客は減少傾向にあるものの，首都近郊の観光レクリエーション地として人気が高く，とくに冬季の観光客が大きく増加している。市内には，房総の海と生活を主テーマとした安房博物館や里見氏ゆかりの城山博物館のほか，花のテーマパークである館山ファミリーパークや南房パラダイスなどの観光施設がある。また，野鳥の森・サイクリングコース・テニスコート・ゴルフ場などが散在するほか，冬季の花摘みやイチゴ狩りなど，多様な観光レクリエーションが楽しめる。

冬季の観光客の増加は，「日本の道100選」に選ばれた洲崎から平砂浦を経て白浜に至る「フラワーライン」沿いの花摘み客とイチゴ狩り客の増加によるところが大きい。1980年に始まった館山の観光いちご園は，センター方式の経営形態をとっていることに特徴がある。いちご狩り客は，各農家の出資によって設立されたいちご狩りセンターで受付をし，センターから各農家のビニールハウスに案内される。イチゴ狩り客は，開園当初は年間2万人程度であったが，現在では20万人を超えるまで増加している。

〔三澤　正〕

（参考文献）
千葉県（1999）：『千葉県史　別編　地誌Ⅱ（地域誌）』．
前田四郎（1993）：『新・千葉県　地学のガイド』，コロナ社．
山口恵一郎　他編（1972）：『日本図誌大系　関東Ⅱ』，朝倉書店．

利根川水運で発展した町

銚子市

写真29　大漁旗がはためく銚子漁港

　銚子は江戸中期以降，利根川水運の拠点・漁港・醤油醸造の町として発展し，明治初期には関東有数の大都市に成長した。しかし，水運の衰退と千葉県の東端に位置するという地理的条件のため，その後の都市発展は停滞している。現在では全国有数の水揚げを誇る漁業，新鮮な路地野菜を供給する農業，醤油醸造・水産加工など「食」を中心とする産業がバランスよく展開するまちに変貌した。

1. 利根川水運の成立と銚子の発展

　1903年（明治36）の地形図（図80）をみると，市街地中心部に観音堂がある。板東三十三カ所霊場の第27番札所「飯沼観音」の名前で親しまれている円福寺である。開基は728年（神亀4）とされる寺で，中世には門前町が形成され，この門前町が現在の銚子の都市的起源とされている。

　江戸初期の利根川は，現在の江戸川・中川のコースをとって東京湾に流下していた。江戸幕府は1594年（文禄3），洪水対策や新田開発を目的として，利根川の流路を変えて常陸川に導き銚子で鹿島灘に落とす事業に着手した。利根川東遷事業は，60年の歳月をかけて1654年（承応3）一応の完成をみる。この利根川東遷によって利根川と江戸川を経由して銚子と江戸とを結ぶ水運が成立したことが，その後の銚子の発展に大きく寄与することになる。銚子は利根川・江戸川水運の成立によって，その起点となったのである。東北・北関東から江戸に運ばれる物資は，銚子で高瀬舟に積み替えられ，利根川をさかのぼって江戸に向かうことになった。河岸は，図80の新生・荒野・今宮などの地区である。1890年（明治23）には利根川と江戸川の短絡水路である利根運河が開通，利根川・江戸川水運は最盛期を迎え，河岸は大いに繁栄した。

　銚子を代表する地場産業に醤油醸造業がある。銚子での醤油醸造は，ヒゲタ醤油の創始者田中玄蕃が1616年（元和2）に始めたとされている。その後，1645年（正保2）に濱口儀兵衛がヤマサ醤油を創業している。しかし，本格的な醤油醸造の展開は利根川・江戸川水運の成立以降で，筑波山麓や霞ヶ浦沿岸で生産される常州大豆，船橋産の海神小麦や岩槻産の岩槻小麦，行徳産の塩などの原料を川船で大量に運び込み，製品をまた船で大消費地江戸へ送り出すことが可能になってからである。醤油醸造

図80　1903年（明治36）の銚子（5万分の1地形図「銚子」明治36年測図，×0.7）

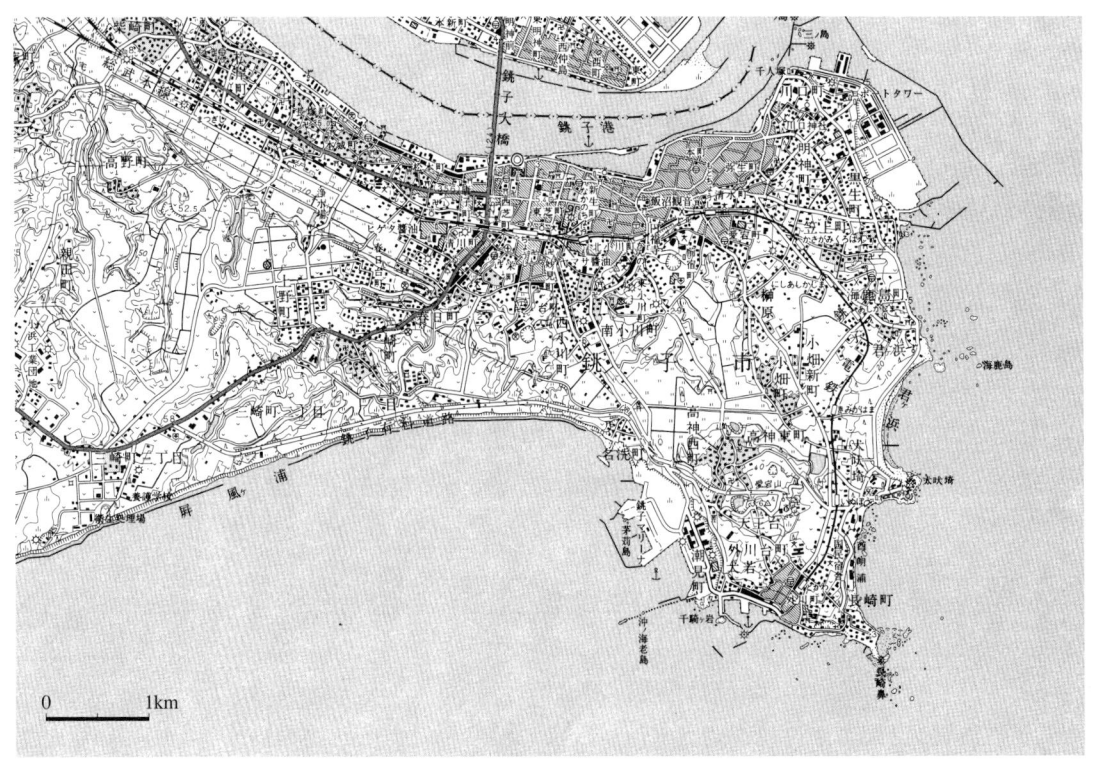

図81　現在の銚子市（5万分の1地形図「銚子」平成13年修正，×0.7）

写真30　サンマの水揚げ

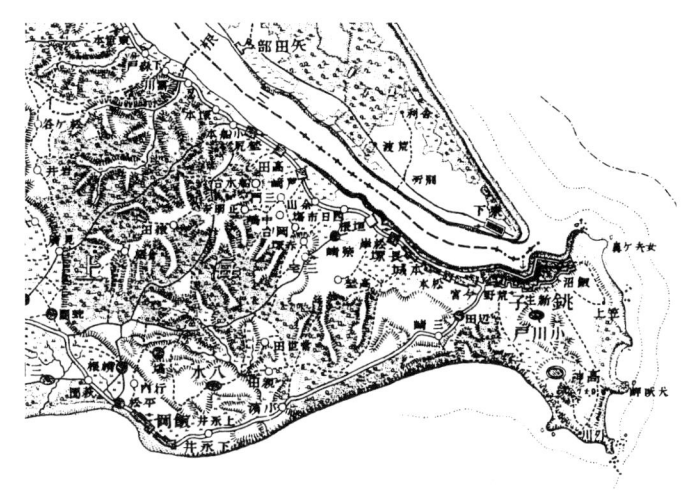

図82　明治後期の銚子とその周辺
（20万分の1輯製図「佐倉」明治40年修正，原寸）

の中心は，河岸が立地した新生・荒野・今宮地区であった。

　銚子半島の南端には，斜面に沿った碁盤目状の町並みをもつ外川の集落をみることができる。外川は，紀州由良出身の崎山治郎右衛門をはじめとする紀州漁民の移住によって計画的につくられた漁業集落であり，堤防に潮吹き穴を設けるなど優れた築港技術によって造築された外川港は1661年に完成している。外川では，任せ網によるイワシ漁が盛んで，「外川千軒大繁盛」といわれるほど賑わった。生産された飼料用干鰯は，利根川沿いの河岸から船積みされ関東一円に出荷された。外川港は銚子漁港の築港まで銚子漁業の中心であった。

　以上のように，銚子は水運の隆盛を背景として醤油醸造と漁業が飛躍的にのび，明治初期には千葉県下で最大，関東地方でも東京・横浜・水戸に次いで第4位の人口を有する都市へと発展していく。江戸中期以降，飛躍的な成長をとげた銚子の姿が図80である。しかし水運は1897年（明治30）の総武鉄道（現在のJR総武線）の開通によって衰退傾向に転じる。銚子港は水運の衰退によって物流の中継地としての機能は失われることになるが，その後，漁港としてさらに発展していくことになる。

2．「食」を中心産業とするまち

　銚子港は，岬特有の強風と河口港の宿命である河口が狭いうえに土砂の堆積が激しいことなどから船の遭難が相次いだ。大正期には防波堤工事や海底浚渫が行われたが，大規模な港湾整備が着手されたのは第二次世界大戦後である。1961年に第1漁船渠と第2漁船渠の導流堤が完成したのをはじめとして，第1漁船渠と第2漁船渠間の新航路完成，川口地区の外港建設と後背地の埋め立て，川口地区に隣接する黒生地区での埋め立てと防波堤工事と漁港の整備が進められた（図81）。銚子漁港は，これら一連の整備・拡張事業によって，全国有数の水揚げを誇る太平洋岸における水産物の一大流通拠点港になった。市内には干物・練製品・缶詰・冷凍食品など多くの水産加工業者が立地し，水産加工関連の出荷額は，工業全体の45％を占めている。

　銚子は水産都市として知られているが，一方で，「灯台印」として知名度の高いキャベツやダイコンなどの野菜栽培をはじめとして，糖度日本一を誇る「銚子メロン」やスイカの生産など，農業の盛

んなまちでもある。市町村別にみた農業粗生産額は県内のトップクラスである。利根川沿いの低地には水田が分布するが，耕地面積の約7割に当たる2,300haは畑であり，台地における畑作農業が中心となっている。銚子を代表する畑作物であるキャベツは，降霜日数が少ない東部の台地を中心に栽培されている。当初は4・5月の収穫を目標とした春作型であったが，近年では端境期をねらって11〜6月の長期出荷が行われている。

このように，銚子は古くから盛んで工業生産額の27％を占める醤油醸造を加えて，「食」を中心とする産業がバランスよく展開するまちといえる。

3. 海辺の観光都市

「銚子」の由来は，(1)利根川の河口が狭く酒器の銚子の口から酒をついでいるさまに似ていること，(2)地形が鳥の嘴に似ていることから「鳥嘴（ちょうし）」が変化したもの，の二つの説がある。いずれにしろ鹿島灘と九十九里浜との間に拳のように突き出た地形は独特のものである。このような地形は，銚子半島の東部には古生代・中生代の硬い砂岩が分布し侵食を防いでいる一方で，中央部には比較的柔らかい泥岩が分布し侵食が盛んなためである。

ほぼ南北に走る東海岸には，北から順に，夫婦ヶ鼻・黒生（くろば）・伊勢路・犬吠埼（いぬぼうざき）の半島状の突出部がある。これら突出部は，前述した古生代・中生代の硬い砂岩が分布し，懸崖になっている。突出部の間には砂浜が分布し，懸崖と砂浜とが繰り返す。観光は銚子の基幹産業の一つであるが，このような変化に富んだ海辺の景観が重要な観光資源となっている。なかでも，江戸条約に基づいて建設され犬吠埼灯台(1874年竣工)がある犬吠埼は，銚子観光の中心地となっている。

半島南西部の名洗町（なあらい）から約10kmの区間は高さ40〜50mの海食崖が続く屏風ヶ浦である。海食崖をつくる地層の下部は飯岡層（第三紀層の凝灰質泥岩）で，上部に第四紀成田層の砂層を，最上部に関東ローム層をのせている。屏風ヶ浦は海食が激しく，名洗（なあらい）地区では過去50年間に40m程度の海岸の後退がみられた。屏風ヶ浦は日本を代表する海食崖であり，「東洋のドーバー」といわれている。北総地方の最高点である愛宕山の山頂には，1988年に開館した「地球の丸く見える丘展望館」がある。屋上の展望スペースからは，北は鹿島灘から筑波山を，西は屏風ヶ浦から九十九里浜を，東と南は太平洋の大海原を望むことができ，弧を描く水平線から地球の丸さを肉眼で確認することができる。

銚子の海岸部は，「銚子マリンリゾート」として，房総リゾート地域整備構想で重点整備地区の指定を受けており，水産ポートセンターや名洗マリンリゾートなどが特定施設と整備されてきた。黒生地区の水産ポートセンターでは，1991年にポートタワーと水産物即売センター（ウオッセ21）がオープンし，新たな観光拠点となっている。屏風ヶ浦に隣接する名洗地区では，「名洗マリーナ」の整備が進められており，マリーナ後背地には宿泊・商業施設やスポーツ・文化交流施設が集積するリゾートタウンが計画されている。完成時には，マリーナと後背地が一体となった海洋複合リゾートが出現することになろう。

〔三澤　正〕

(参考文献)
稲葉豊和(1997)：『とっておき，銚子散歩』，アクセス．
千葉大学教育学部地理学研究室(1998)：銚子市野外実習報告，（千葉大学教育学部地理学研究報告第9号）．
前田四郎(1993)：『新・千葉県　地学のガイド』，コロナ社．

写真撮影・提供者

写真	1	古今書院	16	髙木勇夫
	2	平岡昭利	17	髙木勇夫
	3	八王子市役所	18	相模原市役所
	4	古今書院	19	安藤　清
	5	多摩市役所	20	安藤　清
	6	多摩市役所	21	江黒友美
	7	平岡昭利	22	市立市川歴史博物館
	8	平岡昭利	23	泉　貴久
	9	横浜市役所	24	成田山新勝寺
	10	横浜市役所	25	安藤　清
	11	川崎市役所	26	安藤　清
	12	川崎市役所	27	竹内裕一
	13	寺阪昭信	28	館山市役所
	14	横須賀市役所	29	銚子市役所
	15	小田原市役所	30	銚子市役所

執筆者紹介（所属，執筆順，＊編者）

＊寺阪昭信	流通経済大学経済学部	水野　勲	お茶の水女子大学 人間文化創成科学研究科
久保純子	早稲田大学教育学部		
松田磐余	関東学院大学経済学部	安藤　清	銚子市立銚子高等学校
北村嘉行	東洋大学社会学部	竹内裕一	千葉大学教育学部
＊平岡昭利	下関市立大学経済学部	泉　貴久	専修大学松戸高等学校
松田松男	仏教大学・専修大学(非)	三澤　正	千葉大学教育学部
髙木勇夫	常磐大学	＊元木　靖	立正大学経済学部

本書に掲載した地図は，国土地理院長の承認を得て，同院及び陸地測量部発行の20万分の1輯製図，5万分の1地形図，2万5千分の1地形図及び2万分の1地形図を複製したものである。（承認番号　平14総複，第320号）

関東Ⅰ　地図で読む百年　東京・神奈川・千葉　〈検印省略〉

2003年3月10日　初版第1刷発行
2008年4月20日　初版第2刷発行

編　者　寺　阪　昭　信
　　　　平　岡　昭　利
　　　　元　木　　　靖
発行者　株式会社古今書院
　　　　橋　本　寿　資
印刷所　株式会社カシヨ

発行所　東京都千代田区神田駿河台2-10　株式会社古今書院
（〒101-0062）TEL：03(3291)2758　FAX：03(3233)0303

©2003　Terasaka, A., Hiraoka, A. and Motoki, Y.
ISBN4-7722-3026-2　Printed in Japan　〈高地製本〉

地図で読む百年（全国7区分・全10冊）

入手困難・貴重な古い地図も含めて、新旧地形図を見開き掲載で読み比べる。
地図の対比で身近な地域に親しむ教材として‥。地域100年の変遷・歴史資料として。
全国を「北海道」「東北」「関東Ⅰ・Ⅱ」「中部Ⅰ・Ⅱ」「近畿Ⅰ・Ⅱ」「中国・四国」、そして「九州」
の7区分全10冊で網羅。
お近くの書店の、郷土史、地図・歴史コーナーで。または直接小社にご注文下さい。

北海道 地図で読む百年
平岡昭利 編 定価3150円
2001年5月刊行 B5判
172頁 掲載：27地域

中部Ⅱ 地図で読む百年
平岡昭利・野間晴雄 編
長野・新潟・富山・石川・福井
2000年7月発行 B5判
134頁 掲載：24地域 定価2730円

東北 地図で読む百年
平岡昭利 編 定価3150円
2000年12月刊行 B5判
174頁 掲載：25地域

近畿Ⅰ・Ⅱ 地図で読む百年
平岡昭利・野間晴雄 編
Ⅰ：京都・滋賀・奈良・三重
Ⅱ：大阪・兵庫・和歌山
各定価2940円 B5判
Ⅰ：140頁 22地域
Ⅱ：130頁 19地域

関東Ⅰ・Ⅱ 地図で読む百年
寺阪昭信・平岡昭利・元木 靖 編
Ⅰ：東京・神奈川・千葉
Ⅱ：埼玉・茨木・栃木・群馬
各定価2940円 B5判
2003年3月発行 B5判
Ⅰ：134頁 21地域
Ⅱ：154頁 23地域

中部Ⅰ 地図で読む百年
平岡昭利・野間晴雄 編
愛知・岐阜・静岡・山梨
2000年7月発行 B5判
122頁 掲載：21地域 定価2520円

九州 地図で読む百年
平岡昭利 編 定価2940円
1997年3月発行 B5判
192頁 掲載：27地域

中国・四国 地図で読む百年
平岡昭利 編 定価2940円
1999年5月発行 B5判
192頁 掲載：29地域

㈱古今書院 〒101－0062 東京都千代田区神田駿河台2－10
tel.03-3291-2757 fax.03-3233-0303 http://www.kokon.co.jp/